REPTILES

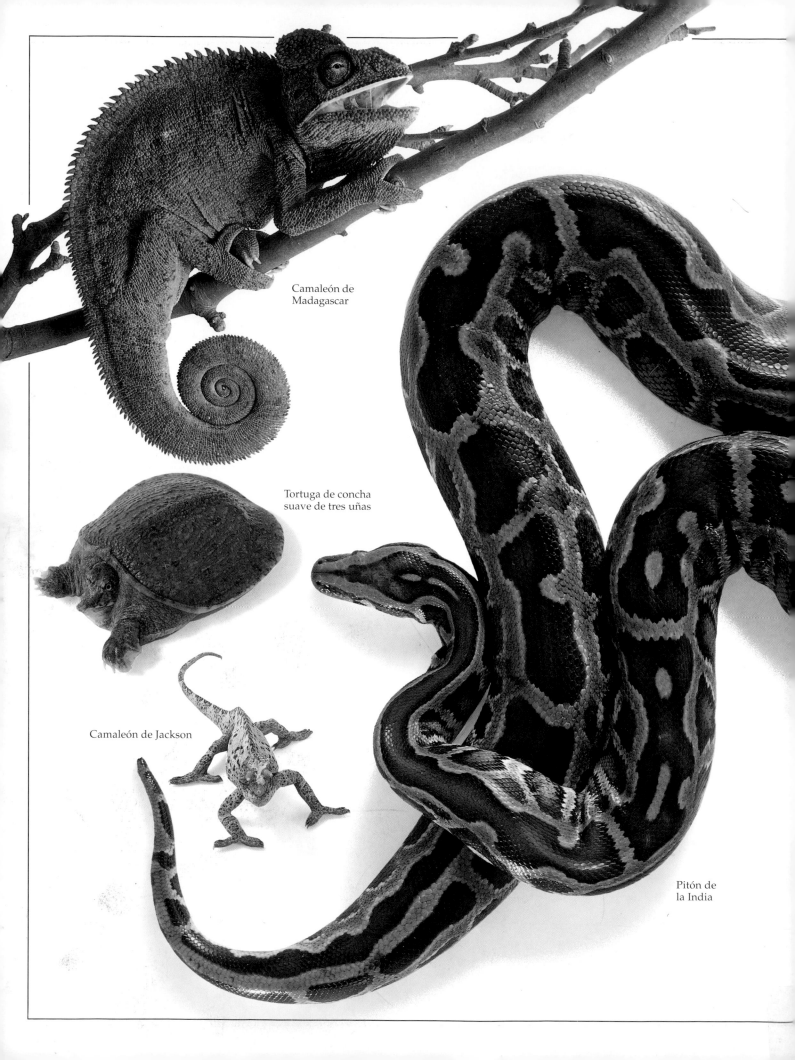

Camaleón de
Madagascar

Tortuga de concha
suave de tres uñas

Camaleón de Jackson

Pitón de
la India

Tortuga estrellada

GUÍAS  VISUALES

Tortuga rayada

REPTILES

Escrito por
COLIN McCARTHY

Falsa coral de Sinaloa

Basilisco verde

Tortuga de orejas rojas

Caimán

Lagarto ocelado

DK
DK Publishing, Inc

Eslizón arbóreo

Tejú o lagarto
ovejero

Caimán

Serpiente de collar

Serpiente voladora

Tortuga caimán

Serpiente del maíz

DK

LONDRES, NUEVA YORK, MÚNICH,
MELBOURNE, y DELHI

Título original de la obra: *Reptile*
Copyright © 1991 Dorling Kindersley Limited

Editores del proyecto Gillian Denton y Lynne Williams
Editor de arte Neville Graham
Editora principal Helen Parker
Editoras principales de arte Jacquie Gulliver y Julia Harris
Producción Louise Barratt
Investigación iconográfica Kathy Lockley
Fotografía especial Karl Shones, Jane
Burton, Kim Taylor, y Colin Keates

Editora en EE. UU. Elizabeth Hester
Asesor Producciones Smith Muñiz

Edición en español preparada por
Alquimia Ediciones, S.A. de C.V.
Río Balsas 127, 1° piso, Col. Cuauhtémoc
C.P. 06500, México, D.F.

Primera edición estadounidense, 2004
04 05 06 07 08 10 9 8 7 6 5 4 3 2 1

Publicado en Estados Unidos por DK Publishing, Inc.
375 Hudson Street, New York, New York 10014

Los créditos de la página 64 forman parte de esta página.

Publicado en Gran Bretaña por Dorling Kindersley Limited.

A catalog record for this book is available from the Library of
Congress.

ISBN: 0-7566-0412-5

Reproducción a color por Colourscan, Singapur
Impreso y encuadernado por Toppan Printing Co. (Shenzhen) Ltd.

Descubra más en
www.dk.com

Contenido

Serpiente ratonera

6
¿Qué es un reptil?
8
Cuando reinaban los reptiles
10
Familias felices
12
Desde dentro
14
Siempre frescos
16
Sentidos anormales
18
Señales para enamorar
20
Los huevos
22
Así nacen
24
Historias de escamas
26
Selección de serpientes
28
Cargamento de lagartos
30
Tortugas, agua y tierra
32
Tortuga tanque
34
El clan del cocodrilo
36
Un fósil viviente
38
Bocadillos de carne

40
Abrazos apretados
42
Los venenos
44
Las comehuevos
46
Supervivencia
48
Camuflajes
50
Muchas patas
52
Control en tierra
54
Vida arbórea
56
A prueba de agua
58
Enemigos mortales
60
Sólo buenos amigos
62
Un vistazo al futuro
64
Índice

¿Qué es un reptil?

EXISTEN CUATRO GRUPOS de reptiles en la actualidad: serpientes y lagartos, la familia de los cocodrilos, las tortugas acuáticas y terrestres, y el tuátara. Los reptiles, como los peces, los anfibios, las aves y los mamíferos, son vertebrados (tienen espina dorsal) y sus crías nacen en tierra. Sin embargo, cuando los reptiles salen de su huevo se parecen a sus padres. Tienen una piel escamosa que los ayuda a mantener el cuerpo húmedo, aunque les dificulta la retención del calor corporal, así que dependen del entorno para calentarse. Aunque se dice que son de sangre fría, ésta, calentada por el sol, tiene la misma temperatura que la nuestra. Las criaturas de sangre caliente deben comer a menudo para mantener su temperatura y gastan energía al buscar comida. Los reptiles no necesitan comer para estar calientes, por lo que pueden vivir en zonas áridas.

Escamas

DRAGONES FANTÁSTICOS
Los reptiles aparecen en la mitología de muchos países desde hace cientos de años. Los dragones, que aparecen en esta ilustración fueron descritos por Marco Polo, quien tal vez vió enormes especies de lagartos y serpientes durante sus viajes. Los dragones alados fueron quizá inspirados en los lagartos alados que pudo ver en el oriente. A la malvada Hidra le crecen dos cabezas al cortarle una. Por ello, en el mito griego Hércules la mata quemando el cuello en cuanto cortaba una cabeza.

Hidra

Dedo extralargo para mayor soporte

¿Qué no es un reptil?

A primera vista la salamadra parece ser un lagarto, pero no es un reptil, sino un anfibio. Los anfibios, que incluyen a las ranas y los sapos, a veces son confundidos con reptiles, aunque son muy diferentes. No se parecen a éstos en muchas cosas. No tienen escamas porque respiran a través de la piel. Se mantienen húmedos con glándulas mucosas especiales. Necesitan habitar cerca del agua para procrear. Por lo general dejan sus huevos directamente en el agua, donde incuban. Esta salamandra de fuego europea mantiene los huevos dentro del cuerpo hasta unos segundos antes de incubar, y los renacuajos nacen dentro del agua.

Salamandra de fuego

Como todas las ranas, esta rana mono es un anfibio. A diferencia de los reptiles, tienen la piel suave, húmeda y sin escamas.

Oído externo

La cola lo ayuda a equilibrarse

Ojo con párpado móvil

Muchos tienen una lengua especial

LAGARTO TEJÚ

Hay reptiles de todos tamaños, formas y clases. Los lagartos son uno de los grupos más grandes y variados. El lagarto tejú viene de la parte tropical de Sudamérica. Éste es un joven tejú, pero ya está gordo debido a su dieta de pájaros, mamíferos y otros lagartos. La piel del tejú está cubierta de escamas duras y muertas que lo ayudan a almacenar fluidos corporales. Sus ojos están bien desarrollados, pero en otros reptiles, como los lagartos de madriguera o las serpientes, son más pequeños. Los párpados del tejú son móviles, como los de otros lagartos. En cambio, algunas serpientes y salamanquesas no pueden parpadear, por lo que sus ojos cuentan con "anteojos" transparentes y sólidos. Los pies de los reptiles son una buena pista para saber acerca de sus hábitos. Los pueden usar para trepar sobre superficies suaves, escalar troncos bamboleantes o caminar en dunas calientes y suaves. Algunos lagartos y la mayoría de las serpientes no tienen patas.

PUESTOS EN TIERRA

La mayoría de los reptiles ponen huevos (págs. 20-21), aunque algunos paren crías vivas. A diferencia de los anfibios, los reptiles desovan en tierra. Esto incluye a los que pasan la mayor parte de su vida en el agua, como las tortugas y los cocodrilos. Los reptiles ponen sus huevos en una gran variedad de sitios: orillas de ríos, arena, montículos de termitas y pasto. El periodo de incubación varía de un reptil a otro y está condicionado por el clima.

Serpiente de collar africana

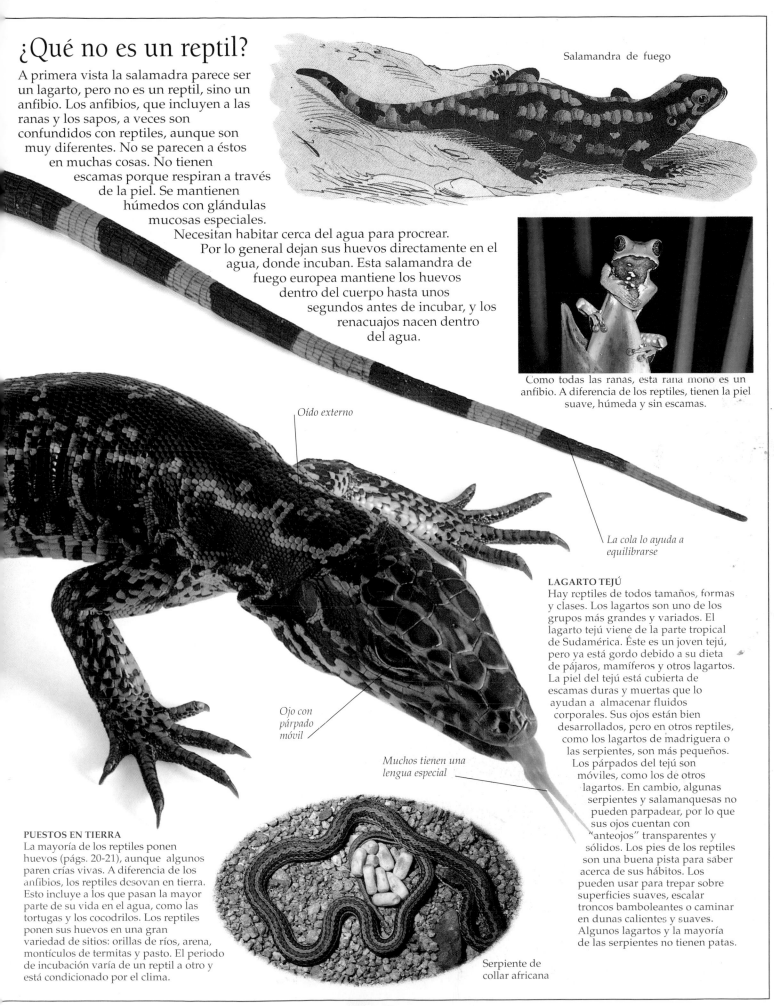

Cuando reinaban los reptiles

Estos reptiles voladores dominaron el aire por más de 100 millones de años, hasta que se extinguieron junto con los dinosaurios. Sus alas eran membranas entre un dedo largo y único y sus patas.

LOS PRIMEROS REPTILES aparecieron hace 340 millones de años, durante el periodo conocido como Carbonífero. Evolucionaron de los anfibios y, aunque no se conoce mucho acerca de su historia temprana al parecer eran como los lagartos actuales. No fue sino hasta la era Mesozoica, entre 230 y 70 millones de años atrás, que los reptiles voladores aparecieron. Durante este periodo algunos reptiles regresaron a dominar mares y lagos, y los dinosaurios reinaron en la Tierra. Los reptiles deben su éxito principalmente a sus huevos especiales (págs. 6-7), los cuales, a diferencia de los de los anfibios, tienen un cascarón y no necesitan el agua. Por ende, los reptiles se adaptaron mejor a la vida en lugares inadecuados para los anfibios, los cuales dependen del agua.

Vértebra de *Paleofidia*, antigua serpiente marina

VIEJOS GIGANTES
La enorme vértebra de una serpiente marina extinta, conocida como *paleofidia*, encontrada en África Occidental, prueba la existencia, en la era Cenozoica, de una serpiente tres veces más grande que una pitón. Esta vértebra perteneció a una pitón actual de 2 pies (6 m) de largo. Aunque hay historias de serpientes antiguas de 65 pies (20 m), parecen ser sólo mitos.

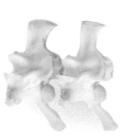

Vértebra de una pitón moderna

CRONOGRAMA DE LA TIERRA (millones de años atrás)

Era Paleozoica		Era Mesozoica			Era Cenozoica
Periodo Carbonífero	Periodo Pérmico	Periodo Triásico	Periodo Jurásico	Periodo Cretácico	Periodo Paleoceno al periodo actual
350	270	225	190	141	70

Tortugas terrestres y acuáticas

Cocodrílidos

Lagartos

Serpientes

La duración de cada periodo no está en escala

DE CAMBIOS LENTOS
Los primeros lagartos aparecieron hace unos 200 millones de años, y evolucionaron al lado de los dinosaurios. Si bien son raros sus fósiles, hay pruebas de que existieron antes del fin de la era Mesozoica. Este ejemplo, de 190 millones de años, muestra una cabeza pequeña, cuello corto, cuerpo largo y cola, así como patas reptantes, típicas del grupo actual.

Diente filoso para comer peces

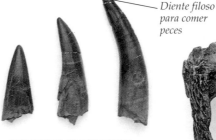

ANTIGUOS COCODRILOS
El cocodrilo es quizás el pariente vivo más cercano de los dinosaurios, y parece que evolucionó con ellos durante el Triásico, hace cerca de 200 millones de años. Los filosos dientes de las formas tempranas sugieren que estaban especializados en comer peces, a diferencia de las especies modernas, que pueden ingerir plantas y carne. El cráneo de los cocodrilos ha cambiado poco.

Cráneo de un cocodrilo antiguo

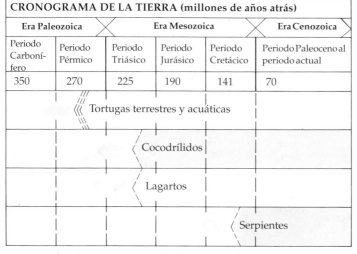

MANDÍBULA DE PERRO

Este cráneo con mandíbulas parecidas a las de un perro pertenece al reptil carnívoro *cinodonto*. Esta criatura de cuatro patas fue una forma avanzada de los reptiles similares a los mamíferos, los cuales dominaron a los animales terrestres en los periodos Pérmico y Triásico. Los mamíferos evolucionaron de este grupo de animales hace 195 millones de años.

Cráneo de *cinodonto*

Maxilar fuerte y dientes largos para comer carne

Reconstrucción de un mamífero-reptil avanzado que muestra una postura en la que no se reptaba

LA PRIMERA TORTUGA

Los restos fosilizados de la primera tortuga reconocible fueron hallados en rocas de cerca de 200 millones de años. Aunque nunca fueron uno de los reptiles dominantes, la estructura de las tortugas fue suficientemente flexible para afrontar los cambios en el medio que tuvieron lugar mientras evolucionaba. Esta adaptabilidad les permitió desarrollarse hacia formas terrestres y acuáticas, y sobrevivir como el más antiguo grupo de reptiles.

DESDENTADO

El cráneo de la tortuga moderna no tiene un paladar móvil ni dientes en las mandíbulas (págs. 32-33). El cráneo de un *proganoquelidio*, de principios del Triásico, muestra que el paladar del cráneo no ha cambiado. Pese a ello, en él hay indicios de dientes, aunque éstos no son visibles en la imagen.

Mandíbulas sin dientes

Familias felices

LA EVOLUCIÓN ES LA BASE para clasificar a los animales. De la misma forma en que tú estás relacionado con tus hermanos porque tienen los mismos padres, y con tus primos porque comparten los abuelos, los animales están divididos en grupos de familias de acuerdo con sus antecesores comunes. Los lagartos y las serpientes están más relacionados que cualquier otro grupo, pero, sorprendentemente, los cocodrilos son más cercanos a las aves que a otros reptiles. No obstante, debido a que no siempre existen suficientes pruebas acerca de sus ancestros, los grupos de familias dependen de aspectos comunes de los animales que hay en la actualidad (págs. 6-7).

LOS REPTILES, HOY
Sólo cuatro grupos de reptiles han logrado sobrevivir hasta la actualidad. Los más grandes son el de los lagartos y el de las serpientes. Los otros no siempre fueron tan escasos; se conocen los fósiles de al menos 108 especies de cocodrílidos y el grupo al cual pertenece la tuátara estaba igualmente más difundido en el pasado.

	Lagartos: 3,000 especies
	Serpientes: 2,700 especies
	Tortugas: 200 especies
	Cocodrilos: 23 especies
	Tuátara: 1 especie

Lagarto monitor

LAGARTOS
Hay lagartos de muchas tallas y figuras. Las iguanas, dragones y camaleones están cercanamente relacionados entre sí. Los lagartos de pared y de arena, de cola de látigo, corredores y de cola espinosa son otro grupo muy relacionado. Los monitores, el lagarto enchaquirado y el de cristal también se agrupan (págs. 28-29).

DAVID Y GOLIAT
El más grande reptil del mundo es el cocodrilo de agua salada. Por lo general crece hasta medir 16 pies (5 m), pero se han encontrado individuos de hasta 26 pies (8 m). Es un cocodrilo muy agresivo que vive en el sur de la India y el norte de Australia. El reptil más pequeño del mundo es la salamanquesa de las Islas Vírgenes británicas, el cual no mide más de 0.7 pulg (18 mm).

Salamanquesa de las Islas Vírgenes británicas

Cocodrilo de agua salada

SERPIENTES
Las serpientes son reptiles sin patas, con el cuerpo largo y esbelto. Existen tres grupos de serpientes: las primitivas, que incluyen pitones y boas; las ciegas, que incluyen a las enroscadas; y las avanzadas, que incluyen serpientes con colmillos traseros, cobras, serpientes de mar y víboras. Se encuentran en todo el mundo, excepto en áreas muy frías (págs. 26-27).

Pitón de la India

TORTUGAS
Estos reptiles tienen el cuerpo corto y ancho, encerrado en un caparazón óseo. El hueso del caparazón regularmente está cubierto de placas callosas o, en ocasiones, de piel fibrosa. Las tortugas están divididas en dos grupos principales: las que esconden el cuello, que incluyen a las mordedoras, semiacuáticas, de tierra, marinas y de concha suave; y las que retraen la cabeza al lado del cuerpo, que incluyen a las de cuello de serpiente, las matamata y las de fango africanas. Las tortugas viven en tierra y en aguas cálidas y saladas (págs. 30-31).

Tortuga mediterránea

COCODRÍLIDOS
Los cocodrílidos están divididos en tres familias: cocodrilos, gaviales y aligátores, los cuales incluyen a los caimanes. Ellos forman un grupo de reptiles muy viejo que, por mucho, es más avanzado que los otros grupos. Tienen un sistema circulatorio más eficaz y, de acuerdo con ciertas opiniones, un cerebro más inteligente. También son más cuidadosos con sus crías (págs. 34-35).

Caimán

Desde dentro

En algunos reptiles el crecimiento de los huesos no se detiene con la madurez , por lo que algunos de ellos crecen toda la vida. Si un reptil sortea los peligros de la vida diaria, es posible que se convierta en un gigante. Esto es muy común en pitones, cocodrilos y tortugas gigantes, aunque los lagartos y las tortugas pequeñas por lo general dejan de crecer. Cuando son viejos, la mayoría de los reptiles no pierden sus dientes como los mamíferos, sino que los mudan y les crecen nuevos (págs. 38-39).

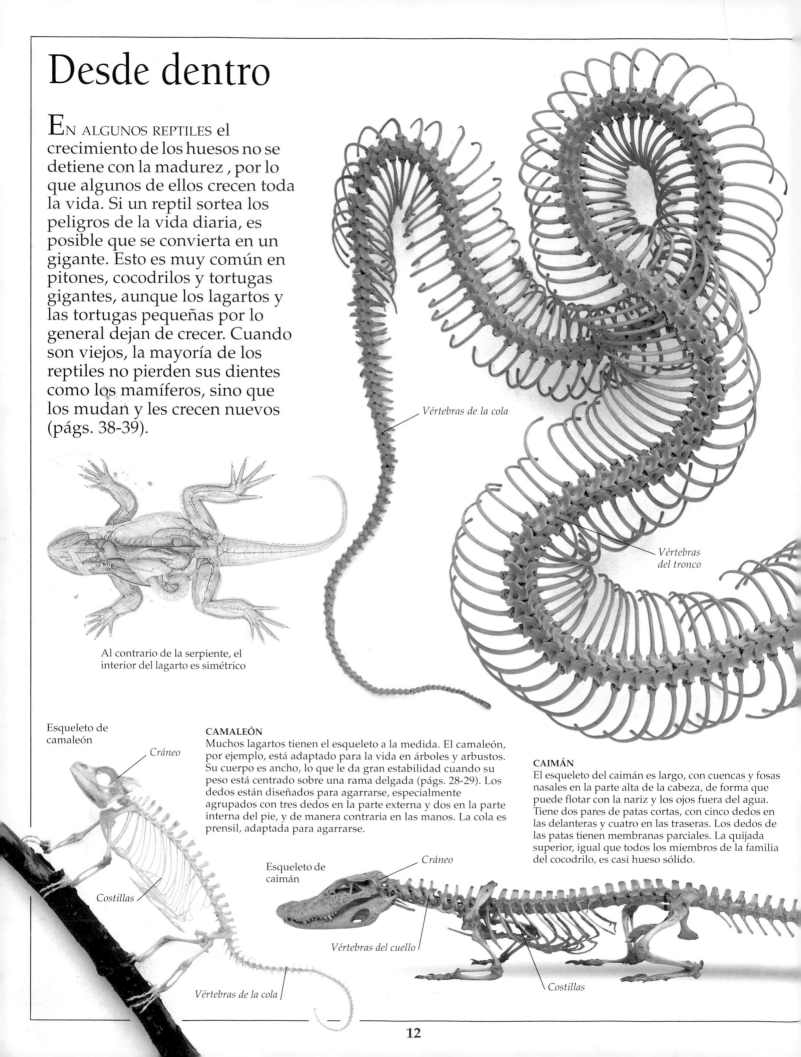

Vértebras de la cola

Vértebras del tronco

Al contrario de la serpiente, el interior del lagarto es simétrico

Esqueleto de camaleón

Cráneo

Costillas

CAMALEÓN
Muchos lagartos tienen el esqueleto a la medida. El camaleón, por ejemplo, está adaptado para la vida en árboles y arbustos. Su cuerpo es ancho, lo que le da gran estabilidad cuando su peso está centrado sobre una rama delgada (págs. 28-29). Los dedos están diseñados para agarrarse, especialmente agrupados con tres dedos en la parte externa y dos en la parte interna del pie, y de manera contraria en las manos. La cola es prensil, adaptada para agarrarse.

Vértebras de la cola

CAIMÁN
El esqueleto del caimán es largo, con cuencas y fosas nasales en la parte alta de la cabeza, de forma que puede flotar con la nariz y los ojos fuera del agua. Tiene dos pares de patas cortas, con cinco dedos en las delanteras y cuatro en las traseras. Los dedos de las patas tienen membranas parciales. La quijada superior, igual que todos los miembros de la familia del cocodrilo, es casi hueso sólido.

Esqueleto de caimán

Cráneo

Vértebras del cuello

Costillas

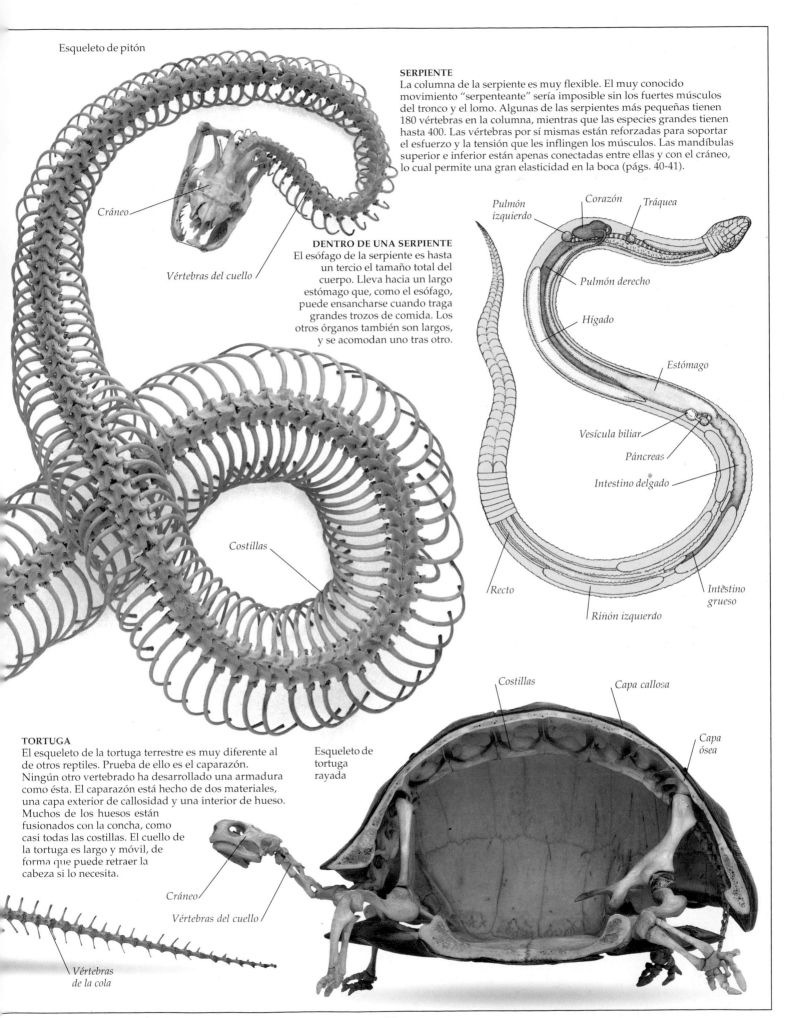

Esqueleto de pitón

Cráneo

Vértebras del cuello

Costillas

SERPIENTE

La columna de la serpiente es muy flexible. El muy conocido movimiento "serpenteante" sería imposible sin los fuertes músculos del tronco y el lomo. Algunas de las serpientes más pequeñas tienen 180 vértebras en la columna, mientras que las especies grandes tienen hasta 400. Las vértebras por sí mismas están reforzadas para soportar el esfuerzo y la tensión que les inflingen los músculos. Las mandíbulas superior e inferior están apenas conectadas entre ellas y con el cráneo, lo cual permite una gran elasticidad en la boca (págs. 40-41).

DENTRO DE UNA SERPIENTE

El esófago de la serpiente es hasta un tercio el tamaño total del cuerpo. Lleva hacia un largo estómago que, como el esófago, puede ensancharse cuando traga grandes trozos de comida. Los otros órganos también son largos, y se acomodan uno tras otro.

Pulmón izquierdo

Corazón

Tráquea

Pulmón derecho

Hígado

Estómago

Vesícula biliar

Páncreas

Intestino delgado

Recto

Riñón izquierdo

Intestino grueso

TORTUGA

El esqueleto de la tortuga terrestre es muy diferente al de otros reptiles. Prueba de ello es el caparazón. Ningún otro vertebrado ha desarrollado una armadura como ésta. El caparazón está hecho de dos materiales, una capa exterior de callosidad y una interior de hueso. Muchos de los huesos están fusionados con la concha, como casi todas las costillas. El cuello de la tortuga es largo y móvil, de forma que puede retraer la cabeza si lo necesita.

Esqueleto de tortuga rayada

Costillas

Capa callosa

Capa ósea

Cráneo

Vértebras del cuello

Vértebras de la cola

Siempre frescos

Los reptiles son de sangre fría (págs. 6-7), lo cual significa que su temperatura cambia conforme al entorno. Aunque viven mejor en climas cálidos, les toma algún tiempo ajustarse a cambios rápidos de temperatura. Para acelerar el proceso, a menudo se calientan tomando el sol; una vez que se eleva su temperatura, buscan alimento o compañía. Si el día está demasiado caluroso, se mudan a la sombra para refrescarse. Moviéndose dentro y fuera de las sombras, mantienen una sorprendente temperatura constante. Requieren altas temperaturas cuando digieren comida; por ejemplo, si una serpiente acaba de comer pero es incapaz de obtener calor, puede morir porque la comida en su estómago está fría. En climas muy fríos los reptiles tienen temperatura corporal baja, por lo que se vuelven lentos y se encuentran en peligro ante los depredadores.

Lagartija calentándose al sol

MANTENIENDO LA FRESCURA
Por la mañana, este lagarto se sentará en lo alto de una roca, a la luz del sol. Cuando alcance la temperatura adecuada correrá por ahí buscando insectos que comer, pero en la parte más calurosa del día se aislará en la sombra. Si se enfría demasiado regresará a la roca. El patrón de calentamiento y enfriamiento varía junto con la temporada. Por ejemplo, durante los meses fríos los reptiles sólo están activos al mediodía, cuando hace calor, pero en el verano se ocultarán bajo tierra al mediodía para evitar un aumento de temperatura.

Lagartija de arena

PIES CALIENTES
Cuando la tierra está demasiado caliente a sus pies, el lagarto de arena del desierto de Namibia "baila", levantando las patas alternadamente. Algunas veces se apoya en la panza ¡con las cuatro patas elevadas al mismo tiempo! A la pequeña salamanquesa terrestre también le molesta la arena ardiente, por lo cual es nocturna y sólo sale cuando está fresco.

Salamanquesa terrestre

LA CALMA ANTE TODO
Los cocodrilos se enfrían dejando que la humedad se evapore a través de sus fauces abiertas. En bajas temperaturas el agua los ayuda a calentarse, y en el calor, a refrescarse. Algunos cocodrilos se refrescan en un arroyo lodoso, pero el cocodrilo americano yace en madrigueras o agujeros cuando el calor es intenso.

REBOSANTE
Algunas personas se ruborizan cuando la sangre llena su cara, pero no se eleva la temperatura de la sangre. La expresión "a sangre fría" no refleja la realidad (págs. 6-7).

ENCUBIERTA

Como muchas otras serpientes del desierto, la víbora de arena hará lo posible para evitar el fuerte calor del día. Ante todo es nocturna, y se mueve "de lado", mientras espera encontrar una presa (págs. 52-53). Puede viajar así hasta media milla (1 km) en una sola noche, buscando su comida favorita, pequeños mamíferos y lagartos. Si necesita escapar del ardiente sol del mediodía de los desiertos del norte de África y Arabia, simplemente se hunde en la arena.

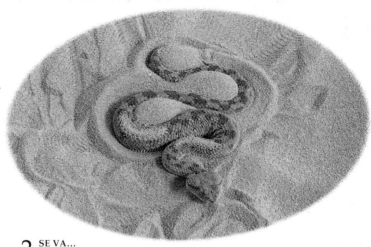

2 SE VA...
La víbora desciende verticalmente, al arrastrar y mecer el cuerpo. Mientras baja, palea arena sobre su dorso. Las escamas la ayudan a que la arena resbale por su cuerpo.

1 SE VA...
La víbora de arena se refugia en la arena; primero introduce la cola, retorciéndose mientras lo hace. Unos sólidos "anteojos" la protegen de los granos de arena.

3 ¡SE FUE!
La víbora de arena ya está casi enterrada. Pronto, sólo la parte superior de la cabeza será visible. Al acostarse así en la arena caliente del desierto se protege del sol quemante y al mismo tiempo hace un escondite perfecto para evitar enemigos o esperar presas.

La serpiente deja marcas visibles al introducirse en la arena

Sentidos anormales

Los reptiles tienen sentidos parecidos a los de otros vertebrados: olfato, vista y oído. También tienen formas adicionales para conocer su entorno. Las serpientes y algunos lagartos "huelen" con la ayuda de su lengua y unas células sensoriales en el paladar, llamadas órgano de Jacobson. Algunas serpientes son altamente sensibles a los rayos infrarrojos, por lo que pueden ubicar a una presa por el calor de su sangre, aún en total oscuridad. Las tortugas marinas navegan grandes distancias a sus playas de desove. Puede ser que usen la posición del sol, aunque también es posible que utilicen los campos magnéticos. Algunos reptiles no tienen muy desrrollados los sentidos. La mayoría de los reptiles de madriguera, por ejemplo, tiene poca línea de visión, y las serpientes no oyen bien, aunque otros reptiles tienen buen oído.

RUGIDO DE ALIGÁTOR
Los aligátores se comunican a través de grandes distancias mediante rugidos. El sonido puede ser muy ruidoso, de hasta 92 decibeles a 16 pies (5 m), ¡casi tan fuerte como el sonido del motor de hélice de un avión pequeño!

El ojo giratorio está en una especie de promontorio

Los párpados se cierran hasta ser mirillas

Dedos como tenazas para aferrarse a las ramas

PEQUEÑO PERO RUIDOSO
Casi todas las salamanquesas tienen voz. Algunas especies producen chirridos y chasquidos cuando se aparean o defienden su territorio. Si se "angustian" pueden producir ultrasonidos, que perciben mamíferos y aves, no así los lagartos, aunque los utilizan para sorprender a sus depredadores.

AMPLIOS HORIZONTES
El camaleón tienen un campo de visión extraordinario y puede mover los ojos de forma independiente. Si ve una mosca, mantiene la vista de un ojo en esa dirección, mientras maniobra hacia su presa. Cuando se mueve, el otro ojo escudriña los alrededores, en busca de posibles enemigos. El cerebro del camaleón tiene el trabajo de interpretar las dos imágenes. Si la mosca está cerca, el camaleón da vuelta a ambos ojos hacia adelante y en este punto su visión se parece más a la binocular de los seres humanos. Con ambos ojos fijos en la mosca, el camaleón estudia su posición y se prepara para atacar.

ALMAS SENSIBLES

Como la mayoría de los animales, las serpientes han evolucionado durante millones de años. En algún momento su vista y oído se volvieron débiles, mientras que otros sentidos se fortalecían. Las serpientes no tienen oídos externos, y las vibraciones simplemente se mueven por el oído interno directamente a su cráneo, que está unido a la mandíbula inferior. Algunas serpientes tienen detectores especiales de calor. Esta pitón de la India tiene en los labios pequeñas fosas sensitivas al calor, que le sirven para detectar presas de sangre caliente en la noche, como pájaros y mamíferos (págs. 42-43).

MÚSICA PARA LOS OÍDOS

Por miles de años, las serpientes han sido mostradas bailando con la música de los encantadores. Esto ha llevado a la creencia equivocada de que las serpientes son hipnotizadas de alguna forma por la música. De hecho, la serpiente se levanta en un movimiento defensivo mientras se prepara para atacar.

Lengua profundamente bífida

El ojo tiene cubierta "vítrea" pues no tiene párpados móviles

SABOREAR EL AIRE

Todos los lagartos tienen la lengua bien desarrollada y extensible, y la del lagarto monitor y algunas serpientes es bífida. Constantemente "sorben" o "prueban" las partículas químicas del aire o de la tierra. Estas partículas son transferidas de la punta de la lengua al órgano de Jacobson, en el paladar. El órgano, o serie de células, huele y prueba parcialmente dichas partículas. La lengua especializada los ayuda a seguir presas, probar alimento, encontrar pareja y detectar enemigos.

Fosa nasal

Órgano de Jacobson

Lengua

Lagrimal

Ojo protegido por "anteojos" transparentes y sólidos

VISTA Y SONIDO

Las iguanas tienen muy buena vista. Ven a colores, lo cual explica que muchos miembros de la familia de las iguanas se comuniquen usando vistosos colores en cabeza, garganta y cresta. De hecho el color es importante en muchos lagartos pues les ayuda a distinguir los sexos. Mientras las serpientes escuchan vibraciones del suelo a través de sus huesos, las iguanas, y la mayoría de lagartos, oyen sonidos aéreos a través de sus aberturas en el oído. El tambor del oído está cerca de la piel superficial, mientras que en los mamíferos se encuentra en un "agujero auditivo". Si bien el lagarto común oye mejor que una serpiente, no oye tan bien como un humano.

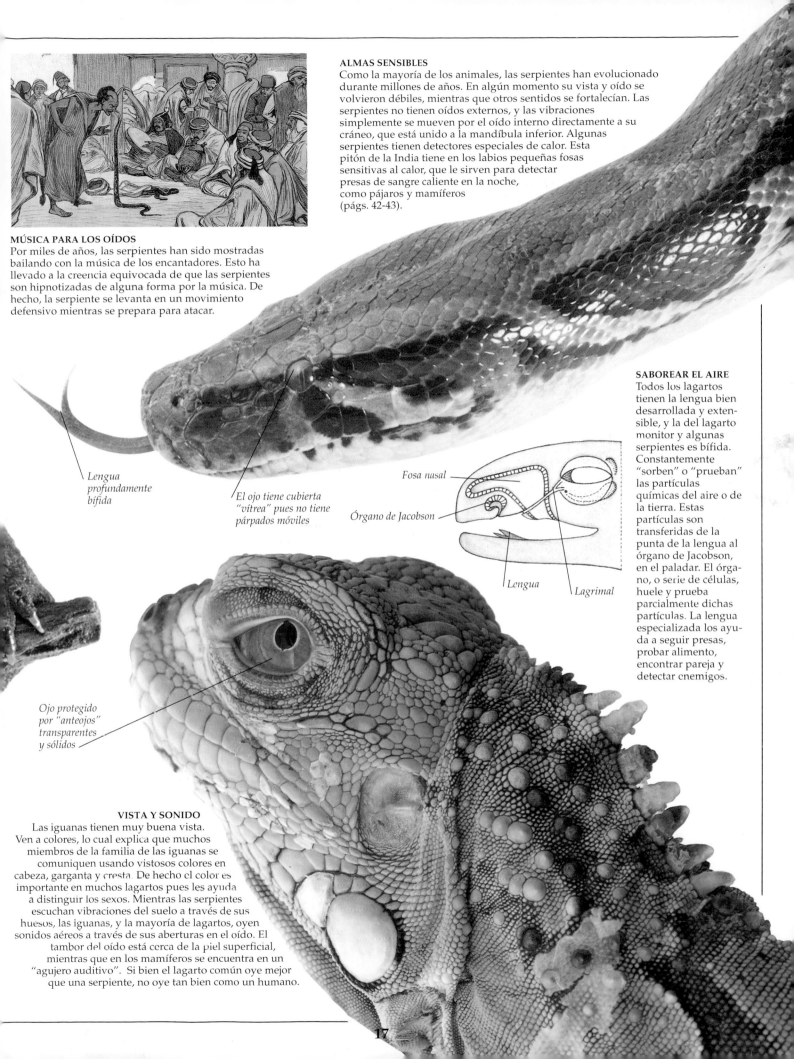

Señales para enamorar

Aunque los reptiles pasan la mayor parte del tiempo en la supervivencia diaria, ajustando el calor corporal, buscando comida o escapando de sus depredadores, también necesitan vida social. En la época de celo necesitan atraer miembros del sexo opuesto para reproducirse. Los lagartos machos a menudo despliegan brillantes colores para atraer a la hembra, y los demás rasgos de ornato de algunos, como abanicos y crestas, también están ahí para lo mismo. Como en el resto del reino animal, los machos usan las mismas señales para atraer hembras y alejar a machos rivales.

TODO A SU TIEMPO
Muchas serpientes pueden retrasar la fertilización del huevo, en algunos casos hasta meses después de ponerlo. Esta habilidad de controlar el desarollo de sus crías es muy cómoda. En algunas canciones infantiles se mencionaba que "quien tenía muchos hijos, era porque no sabía como tener menos".

EL MACHO LLAMATIVO
El pájaro fragata macho atrae a su compañera de la misma forma que este lagarto. Mantiene su bolsa inflada por varias horas, hasta que ella cede a sus encantos.

UN PAR DE HINCHADOS
Los lagartos anolis son altamente territoriales. Los machos se encaran con frecuencia, inflando sus brillantes y rojizos sacos de la garganta en señal de agresión. Dos lagartos de la misma talla pueden alardear con sus brillantes sacos de piel durante cuatro o más horas, mientras que un lagarto pequeño se retirará inmediatamente si es amenazado de esta manera. Los lagartos anolis viven en las áreas tropicales de América Central y Sur. Son llamados "camaleón americano", aunque en realidad son iguanas. Trepan entre la vegetación verde y marrón, donde se mezclan con el entorno, lo cual los ayuda a protegerse de sus enemigos.

LA PRIMAVERA
Las tortugas de tierra gigantes se aparean en primavera, cuando el macho golpea a la hembra en un costado para mostrar su interés. Algunas veces la cópula toma varias horas.

SERPIENTES FASCINADAS
Una vez que la serpiente macho ha encontrado una hembra, se acerca a ella y la induce al apareamiento frotando la mandíbula inferior en el dorso de ella, mientras sus cuerpos y colas se entrecruzan. Durante la época de apareamiento, dos machos pueden representar una especie de danza de combate, mientras compiten por una hembra especialmente favorecida. Los reptiles a menudo evitan la pelea con advertencias a distancia. La pelea es un concurso de fuerza (en el que cualquiera puede salir herido) que da la oportunidad de probar cuál criatura es superior.

QUE GANE EL MEJOR
Los machos monitor luchan al inicio de la época de celo, irguiéndose en las patas traseras. El animal más débil se da por vencido, antes de salir herido.

Colas entrelazadas durante el apareamiento

Saco de la garganta inflado para atraer hembras o para agredir

Los huevos

LOS REPTILES JÓVENES CRECEN dentro de huevos amortiguados por una bolsa de líquido amniótico. Los huevos de la mayoría de los reptiles tienen una cubierta suave y flexible, aunque algunos tienen el cascarón duro como los de las aves. El oxígeno y la humedad, necesarios para el crecimiento del joven reptil, son absorbidos por el cascarón, mientras que la yema provee el alimento. Algunos reptiles son vivíparos, es decir que dan a luz a sus hijos vivos.

¿MITO O REALIDAD?
En la mitología griega existen historias de tribus de mujeres guerreras, llamadas Amazonas, que odiaban a los hombres y vivían sin ellos. Algunas hembras de lagarto, como la pequeña cola de látigo, pueden reproducirse sin aparearse.

Lagartos

Muchos lagartos ponen huevos con cascarones de consistencia correosa, no así los de las salamanquesas, que tienen cáscara dura. La mayoría de los lagartos no son buenos padres e ignoran los huevos una vez puestos. Sin embargo, algunos eslizones empollan sus huevos.

PEGADO A TI
La salamanquesa tokay, como muchas otras salamanquesas, pone dos huevos cada vez. Sus huevos son suaves al principio, pero se endurecen al exponerse al aire. Cuando se secan, se pegan a la superficie donde fueron dejados.

Huevos de salamanquesa tokay

Serpientes

El cascarón de los huevos de la mayoría de las serpientes parece pergamino. Las crías salen del cascarón, usando un diente especial para romperlos. Muchas serpientes entierran sus huevos en poca tierra o en vegetación podrida, aunque hay algunas serpientes que son vivíparas.

Huevo de pitón de tierra

Huevo de pitón hindú

CAPA SUBTERRÁNEA
Apenas reconocible como huevo, este singular objeto fue puesto por una pitón de tierra, serpiente de madriguera de África del oeste. Comparado con su madre es muy largo, ya que una hembra de 33 pulg (85 cm) puede poner huevos de 4 pulg (12 cm).

Lagarto cola de látigo

AMOR DE MADRE
Después de poner cerca de 30 de estos huevos con cáscara de consistencia correosa, la hembra del pitón hindú cuida la nidada enrollándose sobre ella. Con el continuo crispar de sus músculos (como temblores) eleva la temperatura, dentro de la espiral que forma, varios grados más que en el entorno.

COMÚN COMO EL ESTIÉRCOL
La serpiente común casera africana a menudo elige montes de estiércol o termiteros en los que deja sus 8 a 10 huevos cada vez.

Huevo de serpiente africana casera

Huevos de camaleón africano

ENTERRADO VIVO
Algunos camaleones paren crías vivas, y otros ponen huevos. El camaleón africano, que vive en los árboles, baja a tierra a dejar su nidada, de entre 30 y 40 huevos, en un agujero. Luego lo llena para protegerlos, por lo que, cuando incuban, las crías cavan para salir.

Huevo del chupasangre de Java

HUEVO CARRETE
Los huevos del chupasangre de Java, lagarto arbóreo, tienen una peculiar forma alargada. No se sabe por qué, pues las especies emparentadas ponen huevos ovales.

Huevo de lagarto monitor

CUCÚS EN EL NIDO
El lagarto monitor del Nilo desova en montes de termitas; la hembra hace un agujero en el montículo y pone de 40 a 60 huevos. El calor dentro del montículo incuba los huevos, cuyas crías nacen en nueve o diez meses.

Cocodrílidos

Los caimanes y los aligátores hacen nidos de montones de vegetación fresca, tierra y hojas, mientras que los cocodrilos y los gaviales hacen hoyos en playas expuestas y en tierra seca y desmoronada. La hembra se queda cerca del nido para detener a los depredadores. Todos los huevos de cocodrilo deben estar calientes; incluso el sexo de las crías depende de los cambios de temperatura durante las primeras etapas de incubación.

Huevo de cocodrilo enano

Huevo de aligátor

UNA AYUDA
La hembra del aligátor americano construye un montículo de plantas y tierra, y después cava un agujero donde pone entre 35 y 40 huevos. Cuando los huevos se rompen y los aligátores están listos para salir gruñen con fuerza y su madre abre el nido.

PEQUEÑO MISTERIO
El cocodrilo enano africano es básicamente nocturno. Deja menos huevos que otros cocodrilos –menos de 20– pero son más grandes y los pone en montículos especialmente construidos para ello.

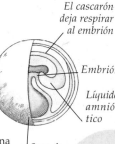

¿QUIÉN SE COME A QUIÉN?
Hombres y cocodrilos viven lado a lado a lo largo de la costa de Papúa Nueva Guinea. Este escudo muestra una figura dentro del vientre de un cocodrilo. Los papúes creen que el cocodrilo tiene poderes mágicos.

Tortugas

Las tortugas de tierra y algunas otras ponen huevos con cascarón duro, pero los de las tortugas marinas y de río son blandos. La mayoría de las hembras hacen un hoyo en la tierra para desovar y regresan año tras año al mismo sitio. Igual que ocurre con los cocodrilos, el sexo de las crías depende de la temperatura durante la incubación.

Huevo de tortuga mora

Huevo de tortuga cuello de serpiente

Huevos de matamata

MATAMATA
Los huevos de esta extraña tortuga sudamericana se parecen mucho a bolas de ping-pong. Como todas las tortugas acuáticas, la matamata deja el agua para desovar. Antes se cazaban estas tortugas por su carne, pero ahora están protegidas.

COMPAÑERAS MEDITERRÁNEAS
La tortuga terrestre con espolones, o mora, se encuentra en todo el Mediterráneo. Hasta fechas recientes, fueron exportadas a tiendas de mascotas del norte de Europa. Pocas sobrevivieron a esa experiencia y su importación ya está prohibida en muchos lugares.

TORTUGA CUELLO DE SERPIENTE
Esta tortuga de Australia sale del agua para dejar sus huevos en un nido que cava en tierra seca. Desova por la noche, después de una lluvia.

Huevo de tortuga Galápagos

GIGANTE AMABLE
La tortuga gigante de las Galápagos es una de las más grandes del mundo. Deja sus huevos de cascarón duro en tierra y expuestos al sol. Los huevos son algunas veces incubados por 200 días. Por desgracia, muchos son destruidos por ratas y cerdos, introducidos en las islas por los humanos.

NIDO MASIVO
Cada año, 200,000 tortugas de mar Ridley llegan a Orissa, en la India, para anidar en 3 millas (5 km) de playa. Cada hembra cava un hoyo donde deja hasta 100 huevos; después regresa al mar.

PROTECCIÓN EXTRA
Como los huevos de ave, los de reptil tienen cascarones que protegen a las crías, pero además las dejan respirar. El cascarón está hecho de varias capas. Aquí la frágil capa externa ha sido rota, revelando una capa interior flexible. Bajo ésta se encuentra la membrana amniótica que, llena de líquido, proporciona un ambiente apropiado para el embrión en crecimiento.

El cascarón deja respirar al embrión

Embrión

Líquido amniótico

Saco de yema

Así nacen

LOS REPTILES BEBÉS SON como pequeñas réplicas de sus padres. Ya sea que salgan de huevos (págs. 20–21) o nazcan vivos, son capaces de alimentarse por sí mismos y viven en el mismo ambiente en el que lo harán de grandes. Naturalmente, sus hábitos cambian mientras se desarrollan, pues al crecer requieren más comida. Un cocodrilo joven, por ejemplo, es capaz de sobrevivir de insectos, pero cuando crece, comerá presas considerablemente más grandes, incluyendo mamíferos, pájaros y peces. A diferencia de los anfibios, los reptiles no nacen como larvas o renacuajos (págs. 6-7), ni difieren demasiado de los hábitos alimenticios de los adultos. No nacen débiles e inmaduros, ni dependen de sus padres para ser alimentados o protegidos, como en el caso de los mamíferos y las aves.

Caimán joven

DE TAL MADRE, TAL HIJO
Este joven caimán llega al mundo totalmente formado y capaz de defenderse. Como el aligátor joven, permanecerá cerca de su madre un par de semanas y a veces usará el lomo de ella para tomar el sol. A pesar del cuidado materno, inusual en los reptiles, al primer signo de peligro es capaz de hundirse en el agua para protegerse.

INCUBACIÓN
Una vez puestos, los huevos de serpiente a menudo se hinchan y se vuelven pesados al absorber humedad del ambiente (págs. 20-21), pero la cantidad de tiempo necesaria para incubar varía con la temperatura. Mientras más se caliente, más rápido se desarrolla el huevo, por lo cual los padres eligen lugares calientes y húmedos como nidos. Las pilas de vegetación, son elegidas como nidos por muchas serpientes pues producen calor mientras se pudren. A menudo las crías son más grandes que los huevos de los que salen. Esto es posible porque mientras el embrión se desarrolla, todo el cuerpo se enrolla en una apretada espiral.

1 EL HUEVO
Este es el huevo de una serpiente ratonera, grande y muy común en Norteamérica. Su época de celo es de abril a junio y durante el otoño. Entre junio y agosto la hembra pone de 5 a 30 huevos blandos y oblongos, cuando elige madera podrida, hojas o rocas como nido.

4 HACIENDO UN MOVIMIENTO
La serpiente deja el huevo muy rápido y es capaz de reptar de inmediato (págs. 52-53). Pese a ello, si la serpiente es removida del huevo demasiado pronto, se retuerce y es incapaz de moverse apropiadamente, aunque en todo lo demás parezca ser normal. Por lo mismo, se cree que la serpiente puede coordinarse totalmente sólo hasta poco antes de salir del huevo.

BEBÉS GRANDES
La cría de la víbora venenosa común británica es increíblemente larga comparada con los huevos en los que se desarrolla (págs. 20-21).

LA VISTA PUEDE ENGAÑAR
La mayoría de las salamanquesas desovan en trozos de corteza o pegados a una pared. Esta salamanquesa de arena pone sus huevos en las hendiduras de una roca y, puesto que estarán expuestos al aire libre, tienen el cascarón duro (págs. 20-21). La mayoría deja sus huevos en sitios compartidos y no cuidan a sus crías. De hecho es poco común que una madre pueda estar tan cerca de una cría como aquí se ve. El joven es independiente desde que nace, aunque no es sexualmente maduro sino hasta los 18 meses.

Hembra

Cría

LOS PELIGROS DE ROMPER EL HUEVO
Entre los reptiles, las tortugas son las que ponen mayor cantidad de huevos, pero las que los cuidan menos. Abandonados en la tierra o arena donde los huevos son depositados, desde el principio las crías pelearán solas por su supervivencia en un mundo peligroso.

La serpiente joven conoce los alrededores mediante la lengua

La serpiente no tiene prisa por dejar la seguridad del cascarón

2 ROTURA DEL CASCARÓN
Mientras se desarrolla dentro del huevo, la joven serpiente ratonera se alimenta de la yema. Un día o dos antes de romper el cascarón, el saco de yema es atraído dentro del cuerpo y la yema restante es absorbida por el intestino. Una pequeña cicatriz parecida a un ombligo muestra el punto donde el embrión estaba unido a su fuente de alimento. Mientras la serpiente se desarrolla, un afilado y temporal "diente para huevo", que utiliza para romper el cascarón, crece en la punta de su mandíbula superior. La cría ve su primera imagen del mundo a través de una de las rendijas que hace.

3 ABANDONO DEL HUEVO
Una vez examinado el entorno al sacar y meter la lengua (págs. 16-17), la joven serpiente abandona con cautela el cascarón. No tiene prisa por irse y puede quedarse donde está, husmeando por un día o dos. Así, si es molestada regresa al interior del huevo. Por lo general, la cascabel está lista para dejar el huevo de 7 a 15 semanas después de puesto.

5 MILAGRO MENOR
Ya totalmente fuera del cascarón, asombra ver que una serpiente tan larga haya estado metida en un huevo relativamente pequeño. La cría puede ser hasta siete veces más grande que el huevo, de 11 a 16 pulg (28 a 40 cm).

Historias de escamas

LOS REPTILES TIENEN LA PIEL SECA Y ESCAMOSA. Como en otras especies, la piel forma una barrera entre los tejidos del animal y el mundo exterior, protegiéndolo del desgaste natural, de la resequedad y de los depredadores. Las escamas de los reptiles son engrosamientos de la piel superior externa, y están hechas primordialmente de una sustancia dura llamada queratina, como nuestras uñas. La piel externa se desecha regularmente y es renovada con células de la capa interior. Esto brinda espacio para crecer y reemplaza la piel usada. Los lagartos y las serpientes tienen un periodo de muda de piel. La mayoría de los lagartos desechan la piel en grandes jirones, mientras que las serpientes mudan la piel de una sola vez.

La piel vieja es frágil y se rompe fácilmente

Piel profunda

La piel de los reptiles varía mucho de una especie a otra. Puede tener protuberancias y espinas defensivas, como las colas de algunos lagartos, o formar crestas en el cuello, el lomo o la cola. En muchas serpientes las escamas de la panza forman anchas placas superpuestas, que las ayudan a moverse (págs. 52-53).

CONTEO DE ESCAMAS
El patrón de las escamas del cuerpo y la cabeza sirven para que los expertos identifiquen a los reptiles. En las serpientes, por ejemplo, el número de hileras de escamas en la mitad del cuerpo, y las grandes escamas de la panza, son pistas útiles.

Lomo del caimán

Piel suave de la panza del caimán

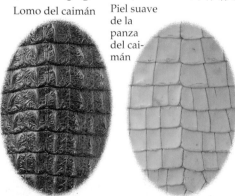

PIEL ENDURECIDA
La armadura del caimán está hecha de ásperas escamas a lo largo del lomo y la cola, las cuales están reforzadas por placas óseas.

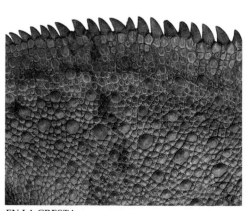

EN LA CRESTA
Las escamas de la piel del camaleón se elevan en una cresta de puntas que recorren su lomo.

EXCAVADORES
Las escamas de los eslizones son suaves, y no se les pega el lodo.

LAGARTO ENCHAPADO
Como el caimán, este lagarto tiene placas óseas bajo sus escamas.

CASCABEL NUEVO

La cola de la víbora de cascabel está hecha de una serie de piezas huecas de queratina selladas una junto a la otra. Cada vez que la serpiente muda de piel, un nuevo segmento es adherido a la cola. Para alejar a su enemigos, la serpiente hace vibrar la cola; las piezas chocan y producen un cascabeleo. Es un dispositivo simple pero muy efectivo.

La piel nueva es suave y brillante

LA MUDA

Casi cuatro veces al año, el lución desecha su piel en grandes pedazos. Aunque parece ser una serpiente, es un lagarto europeo sin patas. Los lagartos adultos mudan una vez al mes cuando están más activos. Algunos lagartos se arrancan la piel con el hocico y se la tragan, mientras que el lución pierde la piel vieja como las serpientes. La necesidad de mudar la piel dura toda la vida, pues los reptiles nunca dejan de crecer, aunque la tasa de crecimiento casi no se nota cuando envejecen.

FINA VESTIMENTA

Cuando un gato afila sus zarpas también se libra del tejido muerto. También las personas cambian su capa exterior de piel vieja, aunque en pequeñas partes. Los humanos necesitan mudas nuevas mientras crecen, como las serpientes necesitan piel nueva y más grande. La ropa nos da protección contra el mundo, pues nuestra piel no es tan eficaz como la de los reptiles.

TODO EN LOS OJOS

Días antes de que la serpiente esté lista para mudar de piel, sus ojos se ven opacos. Su piel se ve deslucida y sin color, pierde el apetito y puede volverse agresiva. Muchas serpientes buscan agua, pues pierden una cantidad considerable de líquidos junto con la piel.

PIEL NUEVA POR VIEJA

Las serpientes son capaces de arrastrarse fuera de la piel vieja, dejándola completa. Lo logran gracias a que no tienen extremidades que se lo impidan y porque la piel vieja se despega como si fuera un traje completo. La muda empieza desde los labios. La serpiente frota un costado de la cabeza en la tierra para voltear la piel; entonces repta fuera de ella y ésta se va poniendo al revés. A menudo, en menos de media hora la serpiente emerge reluciente, con sus nuevos colores y escamas.

Arriba

Piel de ratonera adulta

Piel de ratonera joven

Parte baja

Las serpientes jóvenes mudan de piel casi después de nacer y siete veces en su primer año

Selección de serpientes

AUNQUE LAS SERPIENTES CARECEN DE PATAS, párpados y
tímpanos, se deslizan con rapidez y sienten sus alrededores por
medio de sensores táctiles y químicos. Las serpientes viven en
todos los continentes salvo la Antártida. La mayoría vive sobre
tierra; muchas trepan árboles, algunas prefieren madrigueras y otras habitan en ríos o el mar. Existen más de
2,500 especies. Más de 800 son venenosas, pero de éstas
sólo 250 representan un peligro para los humanos.

BOCA ABAJO
Cuando es amenazada, la
culebra de nariz alargada
prueba un sucio y efectivo
truco; esconde la cabeza
en su cuerpo enroscado,
ondea la cola en el aire y lanza un líquido
sanguinolento desde su orificio anal.
Vive en los prados
de EE.UU. y México y usa su
hocico puntiagudo para
hacer su madriguera.

COMO LA COBRA
Esta serpiente nariz de
cerdo de Madagascar, de
veneno débil, rara vez
muerde a personas. Su
dieta incluye anfibios y
mamíferos pequeños. Si
se ve amenazada,
aplasta el cuello (como
la cobra) y sisea
ruidosamente. Se
refugia en madrigueras
de los pastizales de la isla
de Madagascar y crece
hasta 5 pies (152 cm) de
largo.

MERODEADORA NOCTURNA
Otra serpiente inofensiva es la
serpiente real de las montañas
de California. Es también una
de las más atractivas que se
pueden encontrar en Norteamérica. Cuando el clima es
cálido, esta serpiente vive
cómodamente y caza de
noche lagartos, otras
serpientes y polluelos.
Mide 40 pulg (1.2 m),
y se encuentra en el
norte de California
y el sur del estado
de Washington.

NO SE COME
Esta serpiente
americana no es venenosa y se
conoce como serpiente del
maíz, pues sus marcas inferiores muestran los patrones de
los granos del maíz. La más
grande que se ha encontrado
medía 6 pies (1.83 m).

TÍMIDA CULEBRA
A la tímida serpiente real de bandas grises
rara vez se la ve en estado salvaje. A pesar
de su sigilo, esta inofensiva serpiente es
una mascota popular pues se cría bien
en cautiverio. Mide 3.9 pies (1.21 m),
cuando es adulta y come lagartos.

**ASPECTO
ROCOSO**
La Medusa fue
un ser terrible. Su
cabeza estaba cubierta
con serpientes vivas, y el
desafortunado que la viera se
convertía instantáneamente en
piedra.

¡VÁYANSE!
La leyenda dice
que San Patricio
expulsó a las
serpientes de
Irlanda para
librarla del mal.

EN EL ORIGEN
Desde el Jardín del Edén,
cuando el diablo, en forma de
serpiente tentó a Eva con la fruta
prohibida, las serpientes no han sido
muy populares. Esta pintura
de dicha escena,
de
Alberto
Durero
fue
hecha
en 1504.

OCULTA
La
serpiente
bejuquillo
del
sureste de
Asia pasa
horas sin
moverse,
colgada de
un árbol.
Debido a a
que es verde
brillante y
delgada, se
camufla bien. Sus
ojos ven hacia
adelante, dándole
una visión binocular.
Como resultado, juzga
bien las distancias,
especialmente cuando se
lanza sobre los lagartos que
ve pasar.

ENGAÑO DOBLE
Esta inofensiva coralillo falsa
sinaloense es muy parecida a una
coralillo venenosa. Ese parecido puede
disuadir a unos cuantos
depredadores que intentan
comérsela. También se la
conoce como "de
leche" por la
creencia de que se
roba la leche de
las vacas.

*Ojos hacia
adelante*

LAS FOSAS
La cabeza de cobre es
miembro norteamericano de
la familia de víboras de fosa.
Como la cascabel, su pariente,
lanza una terrible mordida.
Su veneno entra en el torrente
sanguíneo de la víctima, y
causa hemorragia interna,
aunque pocas personas
mueren a causa de su
mordedura.

DE ALTOS VUELOS
La serpiente voladora del sur de Asia es hiperactiva y
tiene movimientos rápidos. Activa de día, cuelga en lo alto de
los árboles en la espesa vegetación, mientras caza lagartos y a
veces ranas. Salta de rama en rama y hasta planea en el aire
hacia niveles inferiores. Cuando quiere detenerse aplana su
cuerpo para incrementar su resistencia al aire.

Cargamento de lagartos

MANSO Y SUAVE
A pesar de su feroz apariencia, el diablillo espinoso es inofensivo. Vive casi exclusivamente de hormigas. Aparte de dar un bocado de espinas a sus depredadores, tienen otro uso. El rocío se condensa sobre ellas y corre hacia su hocico, por lo que puede vivir semanas sin buscar agua.

H<small>AY MÁS DE</small> 3,000 <small>ESPECIES DE LAGARTOS</small> que forman el grupo de reptiles de más aguante, pues evolucionaron a muchos estilos de vida. Algunos viven en tierra, unos hacen madrigueras y otros viven en árboles o en el agua. Algunos lagartos no tienén patas y parecen serpientes. Otros usan paracaídas o vuelan. Salamanquesas, eslizones, monitores, iguanas y camaleones son algunos de los lagartos actuales.

UN REPTIL PUNKI
La cresta de la iguana común, que corre como los dientes de un peine sobre su lomo, la hace fácil de ver. Con frecuencia, este lagarto toma el sol en los árboles.

AZUL MOVEDIZO
El eslizón de lengua azul es llamado así por su lengua, que entra y sale constantemente de su hocico. Puede moverse muy rápido en caso de necesidad, a pesar de su apariencia torpe.

EL REY DE KOMODO
El dragón de Komodo, un lagarto monitor, es el lagarto viviente más grande del mundo. Un ejemplar medía 10 pies, 2 pulg (3.10 m) y pesó asombrosos 365 libras (165.6 kg). Este dragón vive en algunas islas de Indonesia.

ARMADO DE PLACAS
Los lagartos acorazados tienen duras placas óseas bajo las escamas. Tienen cola larga, pero éste la perdió mientras escapaba y aún no le ha crecido por completo (págs. 24-25).

PLANO COMO UNA TORTILLA
Este lagarto africano, como muchos familiares, tiene el cuerpo aplanado con espesas escamas protectoras, para deslizarse entre las rocas y escapar. Si lo amenaza un depredador, se oculta entre las grietas e infla el cuerpo, lo cual hace difícil sacarlo de ahí.

GUIÑADORAS
La salamanquesa leopardo no es común pues tiene párpados móviles. Las salamanquesas, en su mayoría, no pueden guiñar, pero tienen "anteojos" transparentes que les protegen los ojos. Sus dedos tienen almohadillas adhesivas para escalar áreas suaves.

SENTIDO DEL COLOR
Los camaleones llevan una vida apacible, por fortuna, pues aparte de su habilidad para cambiar de color, tienen pocas defensas contra sus enemigos. El macho del camaleón de Jackson está más seguro que otros, pues su apariencia prehistórica, con tres cuernos, asusta a muchos enemigos.

TREPA ÁRBOLES
El eslizón esmeralda de piel lustrosa raramente se aventura a la tierra, pues pasa la mayor parte de su vida paseando entre las ramas de los árboles en Indonesia.

Eslizón esmeralda arbóreo

AGARRADO CON DEDOS Y COLA
Los camaleones tienen dedos especiales para vivir en los árboles. Están hechos para que los pies agarren las ramas con seguridad, mientras que la cola les da soporte extra, torciéndose y enrollándose en las ramas. Este camaleón de Madagascar, como otros, también presume una extraña lengua. De punta pegajosa, puede dispararla rápidamente a larga distancia, garantizándose una buena dieta de insectos y otros invertebrados.

BUENA INFLUENCIA
En el arte chino el lagarto común se ha transformado en un magnífico dragón. En la tradición china es símbolo de la renovación y la fertilidad. Se considera una criatura gentil que difunde felicidad, y juega un papel importante en los festivales callejeros de muchas comunidades.

Cola fuerte usada para asegurar la postura y el equilibrio

LAGARTO OCELADO
El lagarto de ojos u ocelos se encuentra sólo en Europa y el norte de África. Es uno de los lagartos europeos más grandes y crece hasta 2 pies, 7 pulg (80 cm). Este tímido lagarto es terrestre y puede escalar.

Tortugas, agua y tierra

Los REPTILES CON CAPARAZÓN (quelonios) viven en muchos lugares calurosos del mundo. Hay entre 250 y 300 especies, y su caparazón protege al reptil de golpes, del clima adverso y de depredadores; además es un buen camuflaje. Los quelonios viven en agua dulce, salada y en tierra. Los quelonios marinos se llaman tortugas, pero algunos habitantes de charcas y ríos son conocidos como terrapenes. La mayoría de los quelonios desovan en la arena, pero otros lo hacen en hojas muertas, y algunos en madrigueras de otros animales. El número de huevos depende del tamaño de la madre. Las especies pequeñas ponen de uno a cuatro huevos cada vez y las más grandes ponen más de 100 por nidada.

DIOS TORTUGA
En la mitología hindú, luego de una gran inundación el dios Vishnú regresa a la tierra convertido en la tortuga Kurma para ayudar a rescatar al mundo.

GALÁPAGOS GIGANTES
Charles Darwin escribió sobre las islas Galápagos, en el Océano Pacífico, en 1835. Halló que las tortugas gigantes se adaptaron a la vida en su propia isla. Hay dos grupos principales: las lomo de silla, que alcanzan la vegetación alta para comer, y las de concha de domo, que pacen en el suelo.

EL SOLITARIO GEORGE
En la isla de Santa Cruz, en las Galápagos, una tortuga gigante de cerca de 3 pies (1 m) de largo vive sola. Parece ser la última de estas tortugas gigantes en las cercanías de la isla Pinta. Se han hecho muchos intentos para encontrar una hembra en la misma isla, sin éxito. Parece ser que George vivirá y morirá solo.

MITAD Y MITAD
Las terrapenes europeas son vegetarianas y pasan la mayor parte del tiempo en el agua, aunque van a la tierra a asolearse. Los pulmones de algunas del sur de Asia están dentro de cajas óseas en murallas internas del caparazón. Así se protegen de la creciente presión cuando el animal bucea profundo. El terrapen europeo se encuentra en toda Europa, Asia Occidental y el noreste de África. Es una criatura tímida que se sumerge en el agua cuando alguien se acerca.

El caparazón cubre el lomo

La "pechera" o plastrón protege la panza

La concha tiene entre 59 y 61 huesos, y consta de dos partes, el plastrón o "pechera" y el carapacho

Las terrapenes de orejas rojas deben su nombre a una amplia franja roja a lo largo de los costados de la cabeza. Puesto que son gentiles y atractivas, son muy populares como mascotas. Por desgracia no alcanzan la madurez en cautiverio pues no reciben las vitaminas y minerales que requieren. Viven en charcas y ríos de Estados Unidos, pero con frecuencia salen del agua para asolearse, a menudo en troncos, en los que se apilan una sobre otra.

La marca roja o amarilla en la "oreja" distingue a esta tortuga

La "pechera" y el carapacho están unidos por un hueso ceñido

SUAVIDAD MORTAL
La concha de las tortugas de caparazón suave no tiene placas óseas y se siente como piel. En África, Asia, Indonesia y Norteamérica se encuentran enterradas en lodo de ríos y charcas, aunque, como muchas tortugas, disfrutan tomar el sol. Pueden respirar en el agua al estirar su largo cuello hacia la superficie como un *snorkel*. Se esconden de sus enemigos, pero son feroces y efectivas cazadoras que atacan a gran velocidad.

EL RÉCORD
La tortuga laúd es la más grande y pesada de las tortugas vivientes. En 1988 esta enorme laúd se ahogó al enredarse en la red de un pescador en la Bahía Harlech, en Gales. Pesaba 2,016 libras (752 kg), la mayor tortuga jamás registrada. Estas tortugas se reproducen en el Caribe y siguen a las medusas, su principal alimento, a través del Atlántico.

Concha de tortuga de carey

Grandes escamas cubren el hueso del caparazón

Concha de la tortuga estrellada

Concha de tortuga rayada

CAPARAZONES
Los diferentes estilos de vida alteran la estructura del caparazón. Las tortugas terrestres tienen conchas nudosas o de domo alto para defenderse de las mandíbulas de sus enemigos. Las tortugas acuáticas tienen conchas planas y especiales para moverse en el agua. Las de concha suave las tienen más planas para esconderse entre el lodo y la arena.

Tortuga tanque

Para algunas personas, la tortuga caimán es una cruza entre una tortuga común y un aligátor. El nombre le queda bien, pues es feroz en apariencia y en hábitos. Su cabeza es tan poderosa que puede causar daños cosiderables si muerde los dedos de una persona con sus mandíbulas como navajas. Pasa casi todo el tiempo en el agua y cuando caza permanece sin moverse en el lecho de un río con el hocico abierto. Se come casi cualquier cosa que atrapa, incluidos caracoles, almejas y otras tortugas. Cualquier objeto demasiado grande es partido por la mitad por sus poderosas mandíbulas. Es una de las tortugas de agua dulce más grande y puede crecer hasta 26 pulg (66 cm) y pesar hasta 200 libras (91 kg).

Apéndice tipo gusano

Mandíbulas filosas que usa para cortar a sus presas

GUSANO CONTONEANTE

Una de las características más notables de la tortuga caimán es el apéndice que tiene en la punta de la lengua, parecido a un gusano. Éste se llena de sangre y parece una lombriz de tierra en un anzuelo. Tiene una larga "cola" y un estrecho fin de "cabeza". Cuando tiene hambre, la tortuga permanece en el fondo del río, abre el hocico y sacude la "lombriz". Una presa será tentada por la carnada y las mandíbulas se cerrarán con fuerza.

Se yergue sobre las patas delanteras para enfrentar a un agresor

SUCCIONADA HASTA LA MUERTE
La extraña tortuga matamata de Sudamérica, como la tortuga caimán, permanece en el fondo del río en espera de presas con un método peculiar para atraparlas. Cuando su presa se acerca, expande la garganta. Esto crea una fuerte corriente que jala a la víctima hasta sus mandíbulas.

El caparazón arrugado y áspero le da protección y camuflaje

Potentes patas delanteras para agarrar a sus presas

UN BAÑO PELIGROSO
La tortuga caimán tiene la apariencia de una roca, sobre todo cuando su rugosa coraza está cubierta de algas. Depende de este camuflaje para atrapar a sus presas. Si los bañistas de este río se descuidan, podrían resultar heridos por estas mandíbulas.

El clan del cocodrilo

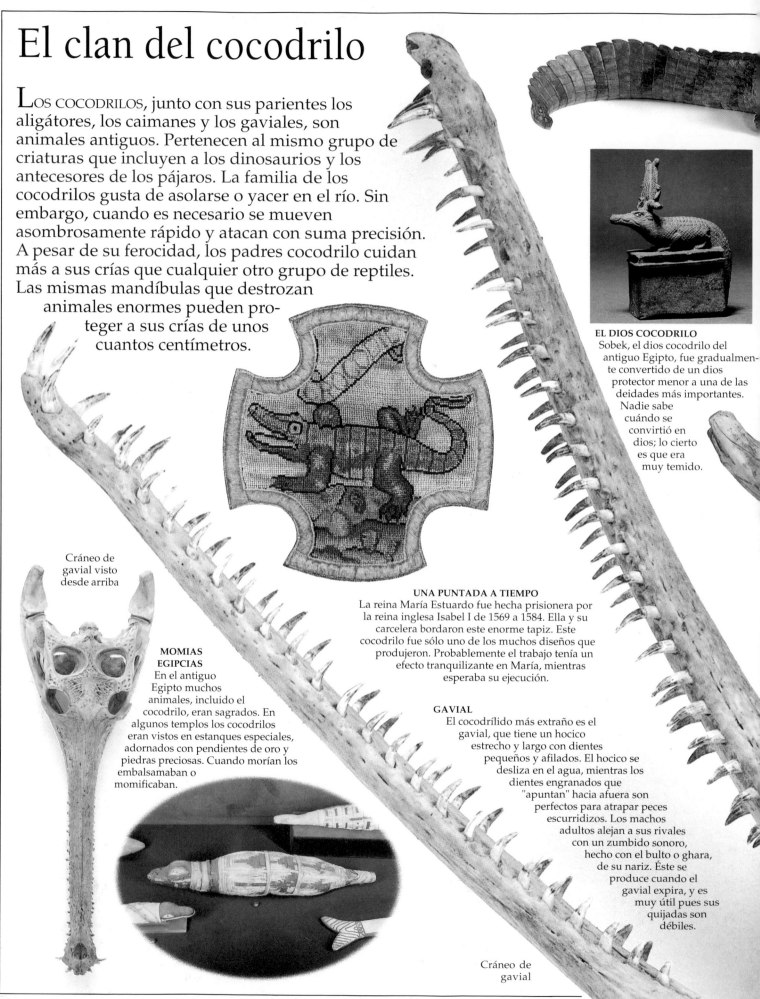

L os cocodrilos, junto con sus parientes los aligátores, los caimanes y los gaviales, son animales antiguos. Pertenecen al mismo grupo de criaturas que incluyen a los dinosaurios y los antecesores de los pájaros. La familia de los cocodrilos gusta de asolarse o yacer en el río. Sin embargo, cuando es necesario se mueven asombrosamente rápido y atacan con suma precisión. A pesar de su ferocidad, los padres cocodrilo cuidan más a sus crías que cualquier otro grupo de reptiles. Las mismas mandíbulas que destrozan animales enormes pueden pro-teger a sus crías de unos cuantos centímetros.

EL DIOS COCODRILO
Sobek, el dios cocodrilo del antiguo Egipto, fue gradualmen-te convertido de un dios protector menor a una de las deidades más importantes. Nadie sabe cuándo se convirtió en dios; lo cierto es que era muy temido.

Cráneo de gavial visto desde arriba

MOMIAS EGIPCIAS
En el antiguo Egipto muchos animales, incluido el cocodrilo, eran sagrados. En algunos templos los cocodrilos eran vistos en estanques especiales, adornados con pendientes de oro y piedras preciosas. Cuando morían los embalsamaban o momificaban.

UNA PUNTADA A TIEMPO
La reina María Estuardo fue hecha prisionera por la reina inglesa Isabel I de 1569 a 1584. Ella y su carcelera bordaron este enorme tapiz. Este cocodrilo fue sólo uno de los muchos diseños que produjeron. Probablemente el trabajo tenía un efecto tranquilizante en María, mientras esperaba su ejecución.

GAVIAL
El cocodrílido más extraño es el gavial, que tiene un hocico estrecho y largo con dientes pequeños y afilados. El hocico se desliza en el agua, mientras los dientes engranados que "apuntan" hacia afuera son perfectos para atrapar peces escurridizos. Los machos adultos alejan a sus rivales con un zumbido sonoro, hecho con el bulto o ghara, de su nariz. Éste se produce cuando el gavial expira, y es muy útil pues sus quijadas son débiles.

Cráneo de gavial

Caimán

CAIMÁN

Los caimanes son miembros de la familia de los aligátores. Su hocico es corto y ancho y, como en los aligátores, los dientes de la mandíbula inferior son invisibles cuando las fauces están cerradas. Los caimanes jóvenes comen insectos, pero cuando crecen su dieta incluye caracoles, peces, mamíferos y pájaros. Una especie de caimán de hocico ancho es muy adaptable y ha sido vista en abrevaderos y cerca de ciudades en ríos muy contaminados.

Cráneo de caimán
(vista lateral)

Cráneo de caimán
(vista superior)

Cuenca del ojo

Cráneo de cocodrilo
(vista lateral)

Diente prominente

COCODRILO

Algunos de los dientes de la mandíbula inferior de los cocodrilos se adhieren encima de la mandíbula superior cuando el hocico está cerrado. Son perfectos para agarrar y perforar, pero no son buenos para cortar ni para masticar. Cuando el cocodrilo come un animal muy grande debe acomodar su esqueleto en las mandíbulas y darle vueltas una y otra vez hasta que arranque un trozo.

Cráneo de cocodrilo
(vista superior)

Cráneo de aligátor
(vista lateral)

Mandíbula inferior abriéndose

ALIGÁTOR

A pesar de su aspecto torpe, el aligátor americano puede usar las mandíbulas con sorprendente delicadeza. La hembra, por ejemplo, ayuda algunas veces a incubar los huevos en las fauces. Los resquebraja delicadamente dándoles vuelta entre el paladar y la lengua. Es una criatura enorme, ya que alcanza los 20 pies (6 m) de largo.

Aligátor
(vista superior)

Fosa nasal externa

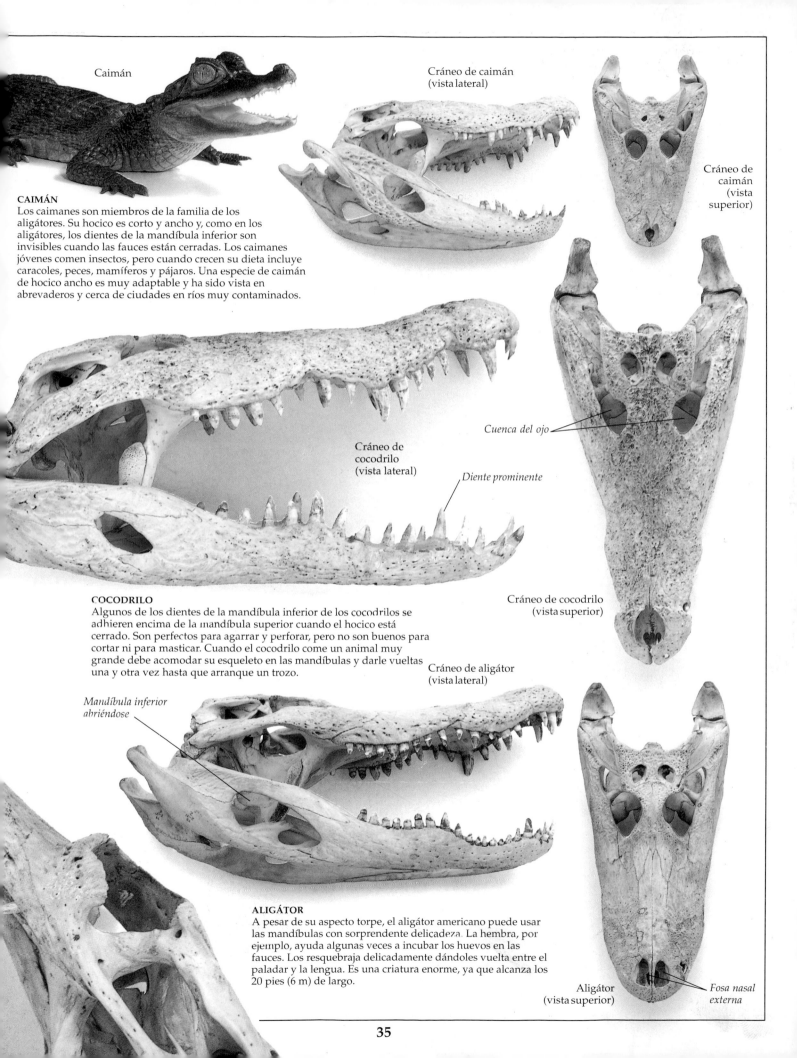

Un fósil viviente

EL TUÁTARA ES UN "FÓSIL VIVIENTE", llamado así debido a que es el único sobreviviente de un grupo de animales extintos que sólo puede encontrarse conservado o fosilizado en rocas. De hecho es notable que el tuátara haya sobrevivido, y nadie sabe por qué, ya que sus parientes cercanos murieron hace millones de años. Hoy, los tuátaras viven en pequeñas islas cerca de la costa de Nueva Zelandia, donde están activos sólo de noche. Habitan madrigueras frecuentemente ocupadas por pájaros marinos (págs. 60-61). Aun cuando el tuátara se ve como un lagarto, difiere de él en muchas formas. Los tuátaras tienen una tasa metabólica baja (la tasa de conversión de comida en energía) y son capaces de funcionar bien en temperaturas mucho más frías que otros reptiles. También tienen una tasa de crecimiento baja y algunas veces siguen creciendo hasta los 50 o 60 años.

Macho

Hembra

¿PARIENTES O AMIGOS?
Estos son los restos fosilizados de un homoeosaurio, un animal parecido al tuátara que vivió en Europa hace 140 millones de años. El Sphenodontida, el grupo al que pertenece el tuátara y sus parientes fósiles, fue muy difundido y duradero. Parece que los sphenodontidos están separados de los primeros lagartos desde hace 200 millones de años.

Patas cortas y fuertes para excavar madrigueras

Tuátara, palabra maorí que significa "picos en el lomo", refiriéndose a las crestas que corren hasta la cola

RESURRECCIÓN

Otro fósil viviente es el celacanto, que significa "espinazo cavernoso". Éste es un nombre dado a un grupo de peces que vivieron entre 300 y 90 millones de años atrás. Se pensaba que estaban extintos y eran conocidos sólo por sus fósiles. No obstante, en 1938 un celacanto vivo fue capturado en las costas de Sudáfrica y se esperaba encontrar otros celacantos vivos en la región. No fue sino hasta 14 años después que el hogar del celacanto fue descubierto en las aguas profundas de las islas Comoro, al noroeste de Madagascar.

ENVEJECIENDO JUNTOS

Los tuátaras machos miden cerca de 2 pies (61 cm) y las hembras son un poco más pequeñas. Alcanzan la madurez sexual alrededor de los 20 años y a veces viven más de 120. No tienen oídos externos y el macho no tiene órgano sexual. Después de aparearse la hembra almacena el esperma entre 10 y 12 meses para luego poner de 5 a 15 huevos en madrigueras profundas. Los huevos se incuban después de 15 meses, el periodo más largo de incubación entre los reptiles, y las crías son autosuficientes al nacer.

Un "tercer ojo" es sensible a la luz. Es visible en los animales jóvenes, pero la piel se engruesa sobre este órgano en los adultos. Puede regular el "reloj biológico" del tuátara y quizá actúe como un termostato

Los dientes son parte de las mandíbulas, que tienen orillas dentadas

Arcos óseos

ESTRUCTURA DEL CRÁNEO

El cráneo del tuátara difiere del de los lagartos en dos arcos óseos que encuadran atrás, como en los cocodrilos. En la mayoría de los lagartos falta el arco inferior, mientras que en las serpientes y los lagartos de madriguera faltan ambos.

OTRAS RAREZAS

Aunque el ornitorrinco y la equidna espinosa no son estrictamente "fósiles vivientes", sí son primitivos y mamíferos muy raros. El ornitorrinco tiene un gran pico de pato y cola de castor, y la equidna hace recordar al puerco espín. Igual que los los reptiles, ambos mamíferos ponen huevos.

Ornitorrinco

Equidna (hormiguero con púas)

Bocadillos de carne

La mayoría de los reptiles come carne. Los cocodrilos y las serpientes son carnívoros, y tienen métodos perfectos para alimentarse; pero algunas serpientes tienen dietas especializadas que incluyen huevos de pájaros (págs. 44-45), y peces. Los lagartos también son depredadores; comen pájaros, insectos, otros reptiles y mamíferos. El dragón de Komodo tiene dientes aserrados, como los del tiburón, que utiliza para cortar trozos de carne de sus presas grandes como los búfalos de agua. Los lagartos, las iguanas grandes, algunos eslizones y los dragones son vegetarianos en su mayoría. Las tortugas terrestres comen una variedad de plantas y a veces carne. Las tortugas de agua dulce comen gusanos, peces, caracoles y otros animales pequeños. Las tortugas marinas comen medusas, peces y cangrejos, pero también plantas. De hecho, la tortuga verde casi sólo come algas marinas.

LENTO PERO SEGURO
Muy pocas tortugas tienen la velocidad para atrapar presas rápidas. Como resultado, se alimentan de plantas o de animales lentos, como moluscos, gusanos y larvas de insectos. Todo ello en su territorio. Aunque come plantas, la tortuga de espolones disfruta ocasionalmente bocados de cualquier animal muerto.

EL CAPITÁN GARFIO LLEGA A SU FINAL
En *Peter Pan*, de J.M. Barrie, Garfio es capturado por un cocodrilo que antes le había devorado la mano y ¡quiere más! Advertido durante algún tiempo por un reloj en el estómago de la criatura, Garfio es finalmente atrapado.

DESPENSA DE COCODRILO
Los cocodrilos del Nilo rara vez comparten animales grandes como el ñu o el búfalo. El estómago del cocodrilo es del tamaño de una canasta, por lo que no puede comer un animal grande de una sola vez. Por ello guardan la presa para más tarde, lo cual ha llevado a la errónea creencia de que les gusta la carne podrida, pues esconden al animal muerto hasta que se pudre, pero en realidad prefieren la carne fresca.

Brazalete

Trozos de concha

Piedras

Pulseras

Púas de puercoespín

ALMACÉN ESTOMACAL
Los cocodrilos a menudo devoran objetos pesados y duros, como piedras y pedazos de metal. ¡Sólo queda esperar que nadie haya estado usando la pulsera cuando se la tragó! Tales objetos quizá ayuden al cocodrilo a digerir la comida.

Diente de desecho

Diente en uso

Diente nuevo

DESARROLLO DENTAL
Los mamíferos tienen dos juegos de dientes –los de bebé o de "leche" y los de adulto. Los cocodrilos mudan dientes durante toda la vida; los dientes nuevos reemplazan a los viejos permanentemente. Los dientes en desarrollo crecen en los orificios que ya están en uso.

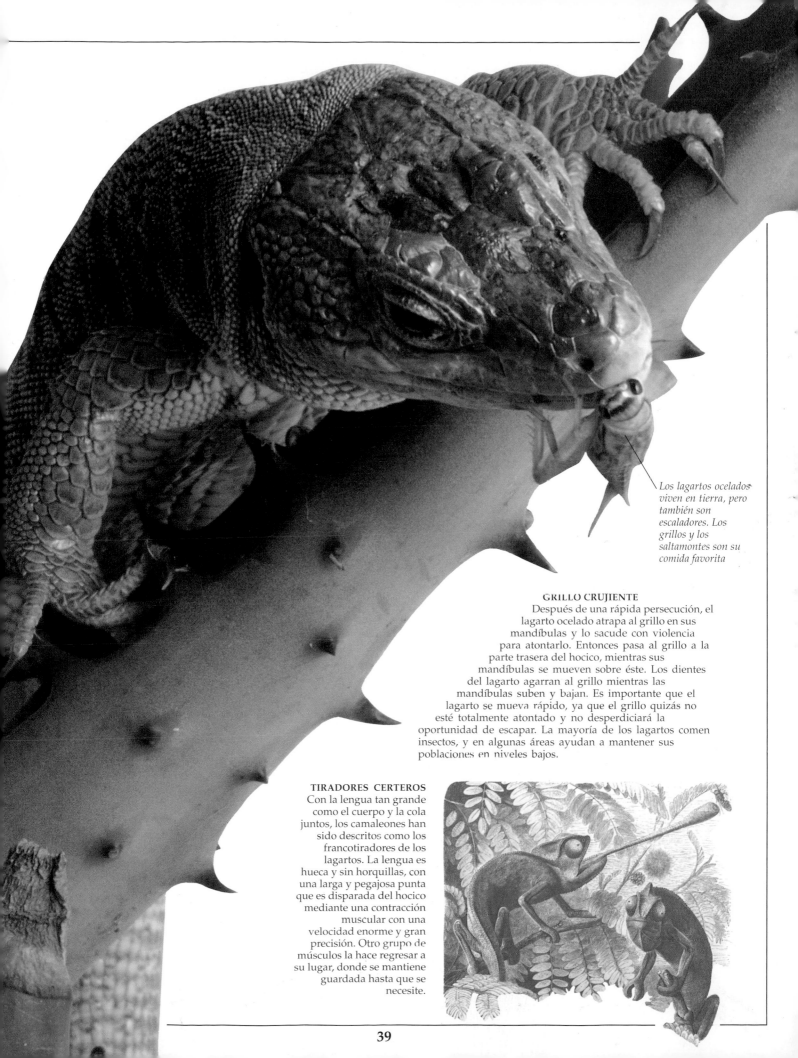

Los lagartos ocelados viven en tierra, pero también son escaladores. Los grillos y los saltamontes son su comida favorita

GRILLO CRUJIENTE

Después de una rápida persecución, el lagarto ocelado atrapa al grillo en sus mandíbulas y lo sacude con violencia para atontarlo. Entonces pasa al grillo a la parte trasera del hocico, mientras sus mandíbulas se mueven sobre éste. Los dientes del lagarto agarran al grillo mientras las mandíbulas suben y bajan. Es importante que el lagarto se mueva rápido, ya que el grillo quizás no esté totalmente atontado y no desperdiciará la oportunidad de escapar. La mayoría de los lagartos comen insectos, y en algunas áreas ayudan a mantener sus poblaciones en niveles bajos.

TIRADORES CERTEROS

Con la lengua tan grande como el cuerpo y la cola juntos, los camaleones han sido descritos como los francotiradores de los lagartos. La lengua es hueca y sin horquillas, con una larga y pegajosa punta que es disparada del hocico mediante una contracción muscular con una velocidad enorme y gran precisión. Otro grupo de músculos la hace regresar a su lugar, donde se mantiene guardada hasta que se necesite.

Abrazos apretados

Todas las serpientes comen carne. No son vegetarianas y han tenido que desarrollar muchas y variadas formas para capturar su alimento. Algunas matan a sus presas con veneno (págs. 42-43), pero las boas y las pitones, que comen mamíferos, lo hacen por constricción. Las constrictoras no trituran a sus víctimas, como se cree, sino que enrollan su cuerpo alrededor de la víctima, haciéndole cada vez más difícil respirar, hasta que se asfixia. La serpiente aplica sólo la presión suficiente para igualar los resuellos de la víctima. Eligen a cualquier mamí-fero, desde un ratón hasta un cordero, dependiendo del tamaño de la serpiente. Así, las serpientes gigantes tragan animales muy grandes. Una ana-conda de más de 25 pies (8 m) puede comerse a un caimán de cerca de 6 pies (2 m), aunque le toma más de una semana digerirlo.

¡TINTIN AL RESCATE!
Existen un par de registros asiáticos y africanos sobre humanos muertos y devorados por especies grandes de pitones. En uno de los conocidos libros de *Tintin*, Zorrino el guía tiene un afortunado escape (a diferencia de lo que aparece aquí), salvado a tiempo por Tintin.

UN ACTO PELIGROSO
Los artistas de variedades y de circo que bailan con serpientes constrictoras toman un gran riesgo. Este bailarín casi fue sofocado por una pitón, pero fue rescatado a unos segundos de morir.

2 ABRAZO MORTAL
La serpiente constrictora reacciona a cada movimiento de la rata, apretando cada vez más. Responde aun a la más pequeña vibración producida por los latidos de la rata y no la soltará hasta que pare de latir su corazón. La muerte es rápida y los huesos no suelen romperse. La serpiente cambia de posición a la rata de manera que pueda engullir primero la cabeza. De esta forma resbala más fácilmente por la garganta.

3 BOCA GRANDE
La boca de la serpiente es muy flexible. Sus mandíbulas se mueven fácilmente de lado a lado mientras los dientes que apuntan hacia atrás sujetan con fuerza. Mientras las poderosas mandíbulas se mueven sobre la cabeza de la rata parece como si la serpiente se desplazara sobre su alimento.

4 SEGURIDAD ANTE TODO
Puede tomar sólo dos bocados antes de que un animal pequeño desaparezca completamente, pero toma una hora más con una víctima más grande. La acción de tragar es casi automática, pues la presa es succionada por los músculos del tronco de la serpiente. Pero si la serpiente es molestada mientras come, puede vomitar la comida y escapar.

El cuerpo se expande cuando traga una presa grande

5 APRETANDO
Desapareció ya la mayor parte de la rata. El ligamento flexible, un músculo elástico que conecta las dos mitades de la mandíbula inferior de la serpiente, le permite abrir mucho el hocico. Mientras las mandíbulas inferiores se apartan, el músculo aprieta a la presa.

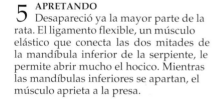

HORA DE COMER
Si su alimento logra escapar y proponer una peligrosa pelea, la serpiente se da el lujo de ignorarla. Después de un enorme banquete del tamaño de un leopardo, la serpiente quizás no coma otra vez en un año.

1 COLMILLOS MORTALES
Cuando una boa hambrienta ataca a su presa, su problema es encontrar una punta donde empezar a tragar. Ésta es usualmente la cabeza. Si la víctima es sinuosa y gorda, como esta rata, la serpiente ataca con sus largos dientes frontales. Al tenerla segura, la serpiente empieza a enrollarse.

La presa es tragada de cabeza, para que no ataque a la serpiente

Quijada cerrada

Quijada abierta

Hueso que actúa como bisagra

TODA ABIERTA
Las quijadas de la serpiente son flexibles, por lo que la presa puede ser tragada entera aun cuando su cuerpo sea más ancho que el de la serpiente. Un hueso especial une el cráneo y la quijada y sirve como una bisagra doblemente articulada. La mandíbula inferior se encoge de lado y las mitades se unen en la barbilla por un ligamento a modo de músculo elástico.

SERPIENTE COME SERPIENTE
Cuando la víbora real de California encuentra a una cascabel, la atrapa con sus mandíbulas detrás de la cabeza; luego enreda su cuerpo alrededor de la víctima y la aprieta hasta que la asfixia.

ATAQUE SALVAJE
En Kenia, una gacela Thompson es víctima de un guepardo. Las sólidas mandíbulas del felino sujetan a su presa, probablemente causando que se asfixie, de la misma forma en que lo hace una serpiente. Pero nadie sabe si la gacela muere realmente por estrangulación o si la matan los agudos dientes y las poderosas zarpas del guepardo.

6 EL FIN DEL CAMINO
En este momento la serpiente puede enfrentar problemas respiratorios, pero los supera empujando la tráquea hacia el hocico, usándola como un *snorkel*.

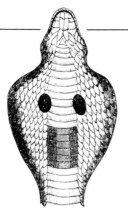

Los venenos

LOS REPTILES PONZOÑOSOS, aparte de dos lagartos, son las serpientes. Las serpientes venenosas se hallan en muchas partes del mundo, pero las especies más venenosas tienden a concentrarse en las áreas tropicales. Inyectan veneno en su presa utilizando sus dientes especialmente adaptados para ello. En las más peligrosas (víboras, cobras y serpientes marinas), los colmillos se encuentran en la parte frontal de la mandíbula superior, pero en otras especies están ubicados detrás. El veneno es una mezcla compleja que afecta el sistema nervioso, los tejidos o la sangre, o los tres, de la víctima. Su fin principal es someter a la presa de manera que la serpiente pueda matarla, pero también puede ser un arma defensiva. Aunque siempre prefiere escapar.

La contracción de músculos hace que el veneno salga

CRUEL PARA LA COMPASIÓN
Ordeñar a las serpientes por su veneno es común en muchas partes del mundo, pues éste se utiliza para producir suero (líquido usado en medicinas para evitar la acción del veneno) contra su mordedura. La serpiente se sostiene por la parte trasera de la cabeza y se la obliga a morder a través de un tejido que cubre un envase. Es forzada a expulsar el veneno con una ligera presión del saco en sus mejillas. En algún tiempo el animal crea más veneno.

CASCABEL
La víbora de cascabel es muy venenosa. Algunas veces se conocen como víbora de fosa, pues tienen un órgano altamente sensible al calor entre las fosas nasales y los ojos, que les permite encontrar a sus víctimas de noche. Aun en total oscuridad, pueden detectar y atacar con certeza una presa que se encuentra a sólo una porción de grado de diferencia de la temperatura circundante La creencia de que la edad de esta serpiente se mide por los anillos en su cascabel no es cierta. De hecho, puede mudar su piel y añadir un nuevo cascabel dos o tres veces al año.

MÁS VENENOSAS
La serpiente marina es la más venenosa del mundo. Puede nadar muy rápido y estar bajo el agua hasta cinco horas. Hay dos especies de lagarto venenoso, el lagarto enchaquirado mexicano y el monstruo de Gila. Ambos se hallan al suroeste de EE.UU. y en algunas partes de México. Su veneno viene de las glándulas salivales en la mandíbula inferior, con las que los lagartos envenenan a sus víctimas al masticarlas.

Serpiente marina

Monstruo de Gila

El veneno pasa a través del tubo

Hoyo en la punta del colmillo

Saco de veneno

HECHOS DEL COLMILLO
Los colmillos de la cascabel están doblados hacia atrás contra el paladar; cuando se necesitan, se balancean hacia adelante, en posición de ataque. Un par es usado cada vez, con uno o dos pares de repuesto detrás.

MUSARAÑA SOLITARIA
La musaraña de cola corta es el único mamífero venenoso. Tiene glándulas en la boca que producen un veneno que ataca el sistema nervioso. Cuando esta pequeña criatura muerde, el veneno entra en el torrente sanguíneo y mata en segundos.

INTÉRPRETES ESTELARES

Las serpientes han aparecido en la literatura desde hace cientos de años. En *Antonio y Cleopatra*, de Shakespeare, ella se suicida usando una áspid, la cobra que vive en Egipto y el este de África. Su mordida puede ser mortal desde que la serpiente sale del cascarón. En la película *Valor de ley*, John Wayne examina la mano de Kim Darby después de una supuesta mordedura.

ROCAS DE SERPIENTE

Las rocas de serpiente fueron concebidas alguna vez como cura para las mordeduras. Eran fabricadas con hueso quemado, carbón, cuerno u otros materiales, pues se creía que absorbían el veneno de la mordida si se frotaban sobre ella.

Escamas especiales que cascabelean

Segmentos huecos que cierran juntos

Cascabel

Rápida vibración que produce cascabeleos

Las comehuevos

EL PROBLEMA DE ATRAPAR alimeno vivo se resuelve si la presa es muy joven. Algunas serpientes sólo comen huevos y son especialistas en esa tarea. Los huevos pequeños de cascarón suave que ponen algunos lagartos y otras serpientes son fáciles de comer pues se pueden partir rápidamente con los dientes. Los huevos más grandes y de cascarón duro de las aves requieren un trato especial. Las verdaderas serpientes comehuevos sólo buscan huevos de pájaros, que tragan completos pues tienen pocos dientes. Sin embargo, tienen espinas como dientes en la columna, que rompen el huevo cuando pasa por la garganta.

Dieta de huevos

Un problema con la dieta de huevos es que la comida no siempre está disponible. En algunas partes del mundo los pájaros sólo ponen huevos en ciertas épocas del año, por lo que la serpiente debe estar sin comer durante algún tiempo. Por fortuna, las serpientes comehuevos regurgitan los cascarones. Por lo que no se desperdicia espacio en el estómago de la serpiente y puede comer todos los huevos que logre encontrar y tampoco gasta energía vital al digerirlos.

2 TRAGO DIFÍCIL
El huevo pasa a través de la garganta de la serpiente. A los lados del cuello la piel es elástica, así que el huevo aún está sin romper.

La cabeza arqueada hacia abajo empuja el huevo contra las espinas interiores para perforarlo

Escamas finamente separadas cuando la piel se expande

3 HUESOS ERIZADOS
El paso del huevo es detenido por unas espinas similares a dientes en la parte baja de los huesos del cuello.

Una válvula en la entrada del estómago acepta yema y líquidos, pero rechaza pedazos de cascarón

El "bulto" es menor

4 HACIA ABAJO...
Una vez que el huevo es roto los músculos del cuerpo de la serpiente trabajan en oleadas para exprimir su contenido, que continúa hacia el estómago. La serpiente dobla su cuerpo en forma de S, forzando el cascarón colapsado a regresar a la cavidad bucal.

5 Y ALLÁ VA
Toma entre cinco minutos y una hora, dependiendo del tamaño del huevo, para ser completamente tragado. Al final, la serpiente boquea ampliamente y lanza el cascarón en forma de cigarrillo. Los fragmentos permanecen unidos por las membranas pegajosas del huevo.

Las orillas puntiagudas del cascarón siguen unidas. Todas las bondades del huevo han sido absorbidas

Cascarón regurgitado

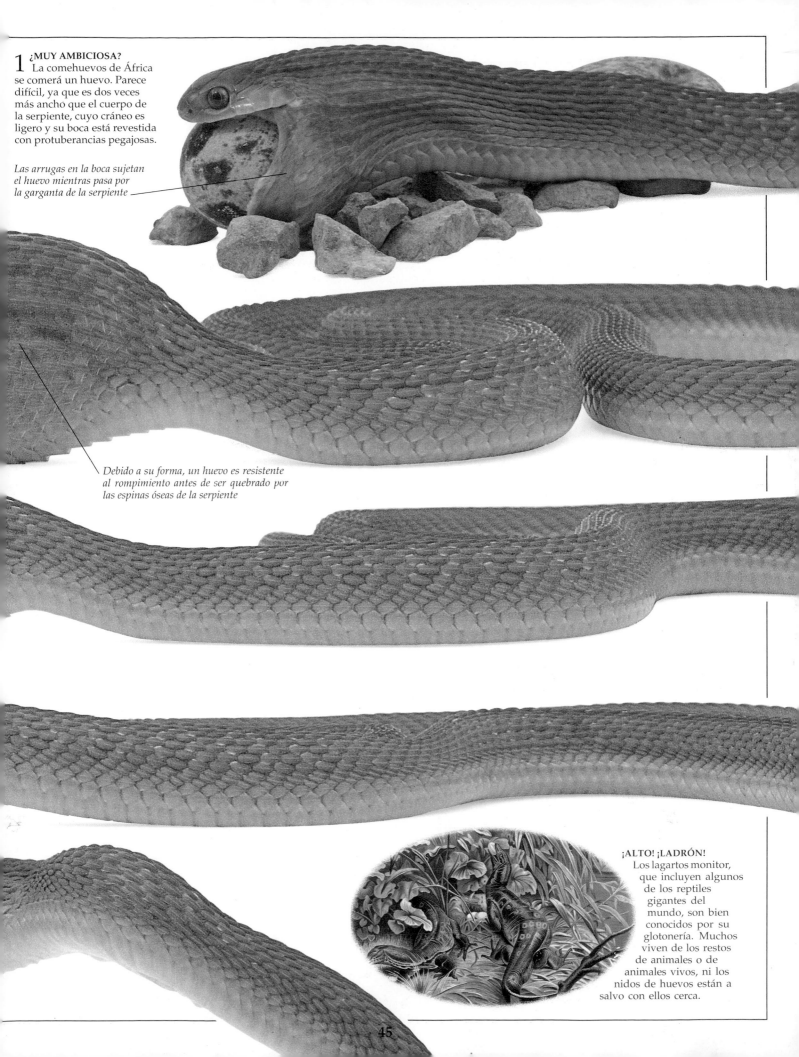

1 ¿MUY AMBICIOSA?
La comehuevos de África
se comerá un huevo. Parece
difícil, ya que es dos veces
más ancho que el cuerpo de
la serpiente, cuyo cráneo es
ligero y su boca está revestida
con protuberancias pegajosas.

*Las arrugas en la boca sujetan
el huevo mientras pasa por
la garganta de la serpiente*

*Debido a su forma, un huevo es resistente
al rompimiento antes de ser quebrado por
las espinas óseas de la serpiente*

¡ALTO! ¡LADRÓN!
Los lagartos monitor,
que incluyen algunos
de los reptiles
gigantes del
mundo, son bien
conocidos por su
glotonería. Muchos
viven de los restos
de animales o de
animales vivos, ni los
nidos de huevos están a
salvo con ellos cerca.

Supervivencia

L os reptiles usan una variedad de métodos para asustar a sus enemigos. Algunos puede camuflarse (págs. 48-49) para evitar ser vistos. Otros asustan a sus depredadores inflándose con aire, que luego dejan escapar con un fuerte siseo. Algunos lagartos y serpientes tratan de proteger sus vulnerables cabezas y troncos sacrificando su cola. El camaleón tejano se hincha para defenderse y al mismo tiempo lanza sangre desde pequeños vasos capilares en los ojos; es posible que la sangre irrite los ojos de los otros animales. El lagarto armadillo sudafricano protege su suave abdomen enrollándose en una apretada bola. Aunque no puede escapar rodando en tal posición, sus gruesas espinas, que corren por su cabeza, espalda y cola, le dan un perfecto escudo.

EN GUARDIA
Uno de los más espectaculares despliegues de cualquier reptil es el del clamidosaurio australiano. El "abanico" es un alerón de piel suelta acoplada al cuello que normalmente mantiene plano y doblado. Cuando lo asusta un depredador, el lagarto levanta su collar a fin de añadirse hasta cuatro veces el ancho de su cuerpo. Si es retado, el lagarto agita la cabeza, sacude la cola y ondea las patas. Mientras la mayoría de lagartos bajo ataque tratan de escapar, el clamidosaurio enfrenta el peligro si sus depredadores se acercan demasiado.

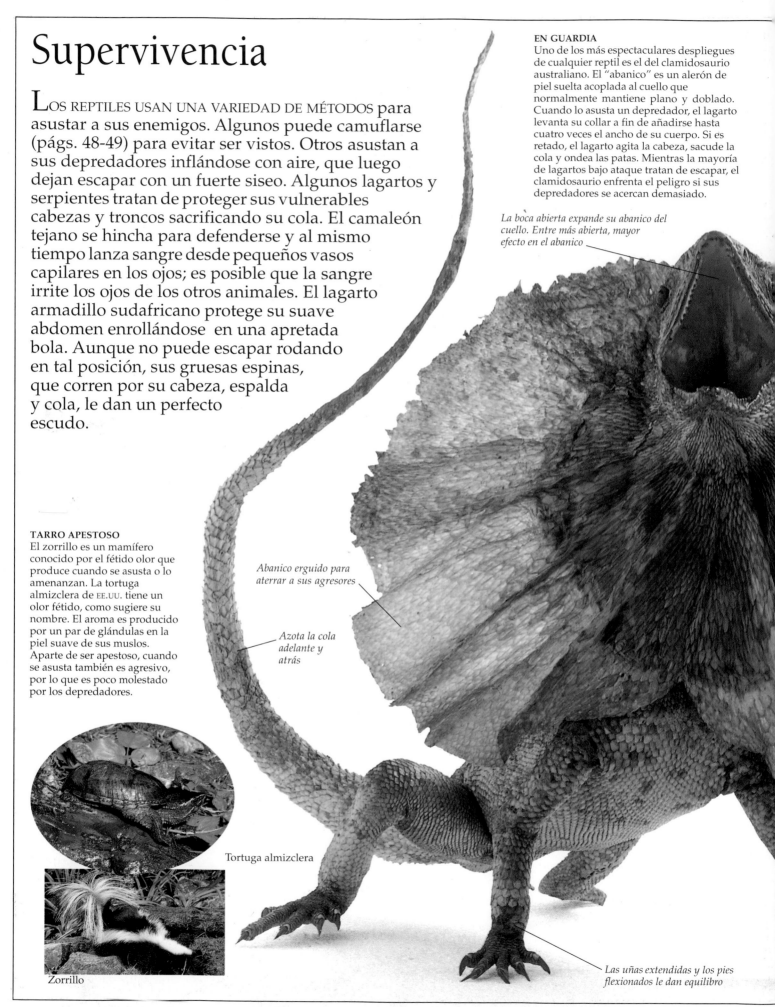

La boca abierta expande su abanico del cuello. Entre más abierta, mayor efecto en el abanico

TARRO APESTOSO
El zorrillo es un mamífero conocido por el fétido olor que produce cuando se asusta o lo amenanzan. La tortuga almizclera de EE.UU. tiene un olor fétido, como sugiere su nombre. El aroma es producido por un par de glándulas en la piel suave de sus muslos. Aparte de ser apestoso, cuando se asusta también es agresivo, por lo que es poco molestado por los depredadores.

Abanico erguido para aterrar a sus agresores

Azota la cola adelante y atrás

Tortuga almizclera

Las uñas extendidas y los pies flexionados le dan equilibro

Zorrillo

EQUIPADOS

Si la gente tiene que sobrevivir en condiciones adversas, necesita ropa y equipo adecuados. Aunque los reptiles no pueden sobrevivir en temperaturas extremas se adaptan a las variantes del clima en su propio entorno.

LA HISTORIA DE UNA COLA

Cuando son atrapados por la cola, muchos lagartos pueden desprenderse de ella. Aunque es un método de defensa dramático, perder la cola es mejor que morir. Algunos lagartos agitan la cola en el primer ataque, con lo que confunden al agresor. Las vértebras, o huesos pequeños del lomo a lo largo de la cola, cuentan con puntos de fractura que indican el lugar donde puede desprenderse. Cuando la cola es apresada, los músculos, también dispuestos para separarse, se contraen, provocando que una de las vértebras se rompa.

Puntos de fractura en la cola

1 LIBERACIÓN
Este lagarto arbóreo perdió parte de la cola mientras se liberaba de un atacante. La parte desprendida suele retorcerse por algunos minutos después de ser cortada, confundiendo al enemigo para lograr escapar.

Cola recientemente desprendida

Aunque la cola nueva se ve igual por fuera, tiene un simple tubo de cartílago en vez de vértebras interiores

2 EL CRECIMIENTO
En dos meses la cola ha crecido notablemente. De cualquier forma su pérdida fue muy grande. El lagarto pudo haber estado almacenando comida en ella cuando no había ninguna cerca, en el invierno o en la época de sequía. Algunas especies son conocidas por vivir más cuando tienen la cola completa.

3 NUEVA POR VIEJA
Después de ocho meses, la cola ha crecido casi a su tamaño original. Si es necesario puede ser separada otra vez, pero sólo en la parte vieja, donde aún tiene vértebras y "articulaciones".

El crecimiento de una nueva cola requiere mucha energía que habría podido ser usada en algo mejor

JUGANDO AL MUERTO
Si todo falla, algunas serpientes fingen estar muertas. Cuando la serpiente de collar europea enfrenta un enemigo resopla y sisea ruidosamente. Si esto no funciona se da vuelta hasta quedar de espaldas, se retuerce (como si estuviera muriendo) y permanece muy quieta, con la boca abierta y la lengua colgando. Esto puede engañar a algunos animales, pero si no es así y la serpiente es movida, repetirá la acción una vez más, revelando su truco.

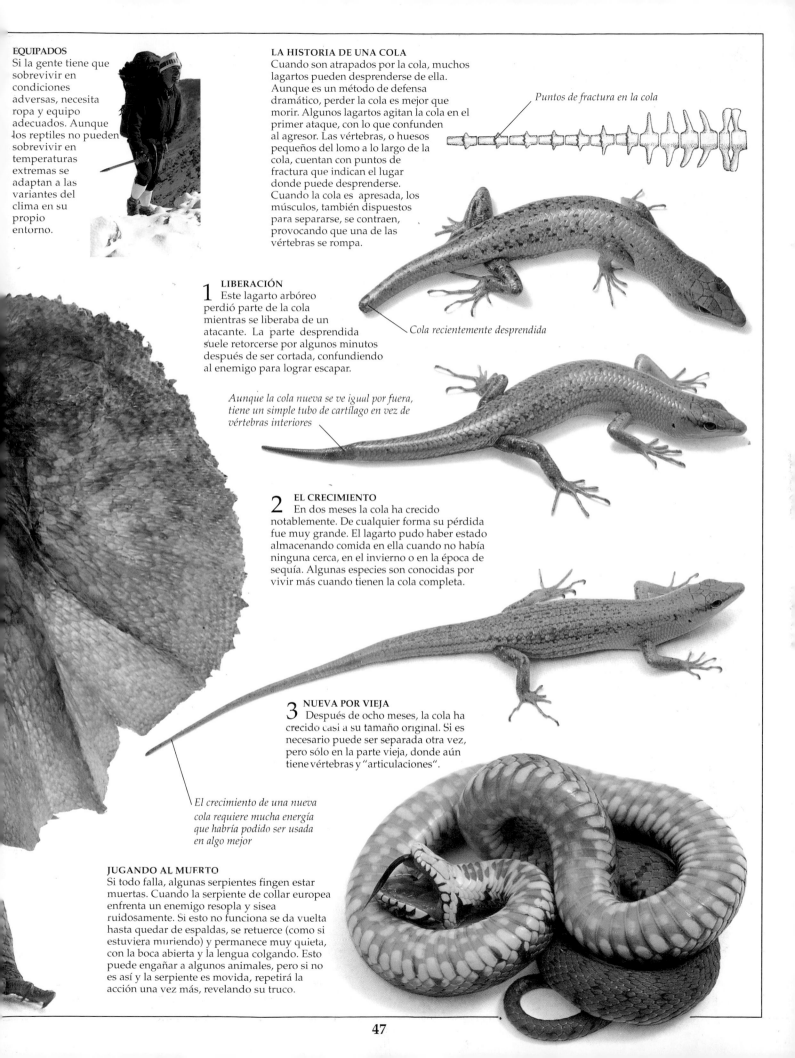

Camuflajes

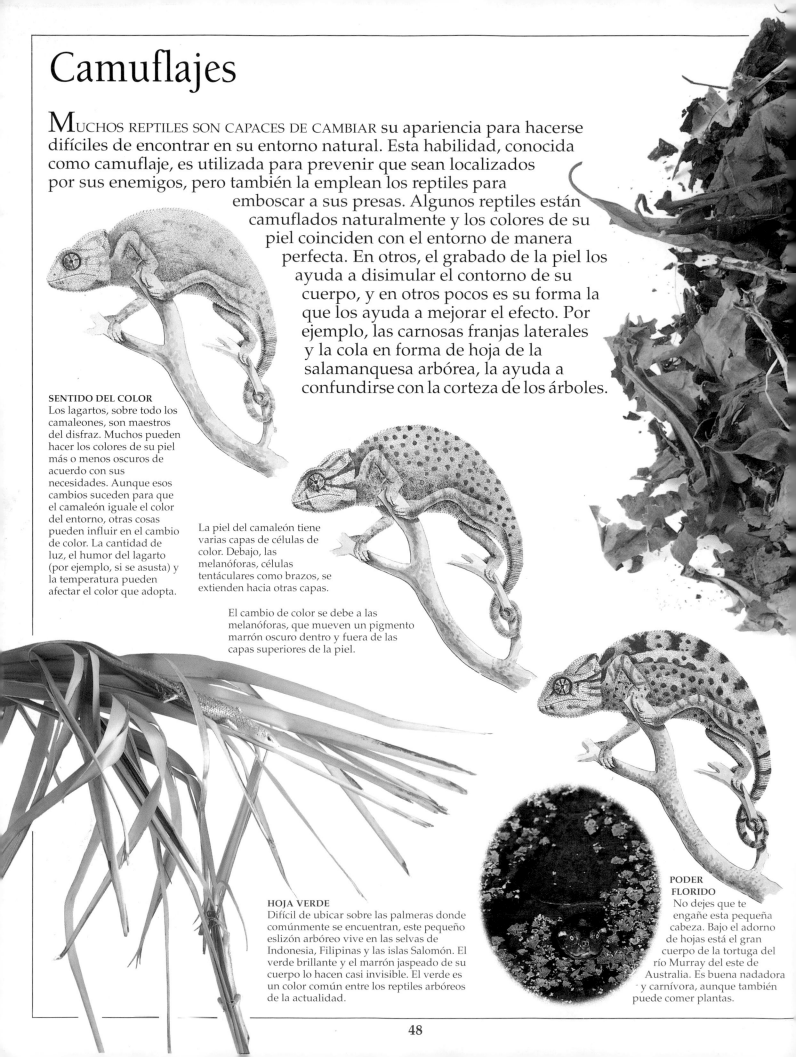

MUCHOS REPTILES SON CAPACES DE CAMBIAR su apariencia para hacerse difíciles de encontrar en su entorno natural. Esta habilidad, conocida como camuflaje, es utilizada para prevenir que sean localizados por sus enemigos, pero también la emplean los reptiles para emboscar a sus presas. Algunos reptiles están camuflados naturalmente y los colores de su piel coinciden con el entorno de manera perfecta. En otros, el grabado de la piel los ayuda a disimular el contorno de su cuerpo, y en otros pocos es su forma la que los ayuda a mejorar el efecto. Por ejemplo, las carnosas franjas laterales y la cola en forma de hoja de la salamanquesa arbórea, la ayuda a confundirse con la corteza de los árboles.

SENTIDO DEL COLOR
Los lagartos, sobre todo los camaleones, son maestros del disfraz. Muchos pueden hacer los colores de su piel más o menos oscuros de acuerdo con sus necesidades. Aunque esos cambios suceden para que el camaleón iguale el color del entorno, otras cosas pueden influir en el cambio de color. La cantidad de luz, el humor del lagarto (por ejemplo, si se asusta) y la temperatura pueden afectar el color que adopta.

La piel del camaleón tiene varias capas de células de color. Debajo, las melanóforas, células tentaculares como brazos, se extienden hacia otras capas.

El cambio de color se debe a las melanóforas, que mueven un pigmento marrón oscuro dentro y fuera de las capas superiores de la piel.

HOJA VERDE
Difícil de ubicar sobre las palmeras donde comúnmente se encuentran, este pequeño eslizón arbóreo vive en las selvas de Indonesia, Filipinas y las islas Salomón. El verde brillante y el marrón jaspeado de su cuerpo lo hacen casi invisible. El verde es un color común entre los reptiles arbóreos de la actualidad.

PODER FLORIDO
No dejes que te engañe esta pequeña cabeza. Bajo el adorno de hojas está el gran cuerpo de la tortuga del río Murray del este de Australia. Es buena nadadora y carnívora, aunque también puede comer plantas.

48

DOBLE PROBLEMA
Quieta en la hojarasca de la selva tropical
africana, la víbora de Gabón, casi invisible
entre los haces de luz y las sombras, espera
roedores, ranas y pájaros. Cuando una de
las serpientes es sacada de su ambiente
natural sus brillantes marcas se vuelven
sorprendentemente obvias. Mucha gente ha
comparado su colorido y geométrico diseño
de piel con las alfombras orientales.
Aunque no es agresiva, su mordedura
puede ser peligrosamente venenosa para el
infortunado que la pise. Los colmillos de la
víbora de Gabón suelen ser los más
grandes; de hasta 2 pulg (50 mm) en un
espécimen de 6 pies (1.80 m).

Víbora de
Gabón

PROFUNDAMENTE ESCONDIDOS
Afortunadamente para él, este caimán negro es
confundido con las rocas de la ciénaga. Suele ser
amenazado y cazado por su piel, pero su habilidad
para ocultarse lo ayuda a encontrar alimento.

Muchas patas

Patas y pies juegan una parte esencial en la vida de muchos reptiles, aun cuando las serpientes y algunos lagartos no los necesitan. Las patas y los pies están adaptados al hábitat de los reptiles. Los lagartos del desierto, por ejemplo, tienen largas escamas que les cubren los dedos y les sirven para caminar en la arena. Los lagartos trepadores tienen uñas filosas que les permiten escalar con firmeza en superficies suaves. Algunos otros, como las salamanquesas, tienen almohadillas adhesivas. Algunas tortugas acuáticas tienen pies palmeados o patas en forma de remo. A los cocodrilos y los monitores, la cola les proporciona casi toda la propulsión marina y las patas son replegadas hacia atrás.

LA LIEBRE Y LA TORTUGA
En la famosa fábula de Esopo, la liebre está tan confiada en ganar la carrera contra la pesada tortuga que se queda dormida al lado del camino y la tortuga cruza la línea de meta primero. Ciertamente, aunque son lentas, las tortugas realizan progresos constantes y pueden viajar grandes distancias, deteniéndose a descansar rara vez.

TODO TIPO DE PATAS
La pata de un reptil refleja con precisión su estilo de vida. Las poderosas patas de lagartos enchaquirados y monitores son buenas para cavar. Las uñas filosas del lagarto acorazado espinoso le dan agarre cuando escala, aun en superficies de roca descascarada. El dorso del pie ligeramente palmeado del cocodrilo lo ayuda a impulsarse en el agua. Algunos eslizones pequeños tienen los miembros tan chicos que apenas soportan su peso.

Caimán

Lagarto acorazado

Los cinco dedos extendidos logran conseguir agarre total

Lagarto monitor

Acorazado espinoso

Eslizón de lengua azul

*La salamanquesa
puede moverse boca arriba*

¡AGÁRRATE!
El tokay es la salamanquesa más grande de Asia del este. Es llamado así porque emite un ruido que suena como "tokay". Es uno de los mejores lagartos escaladores y no tiene dificultad para subir muros, correr en los techos y aun sobre hojas de vidrio. Se aferra con las almohadillas en sus dedos, que están cubiertas con estructuras microscópicas semejantes a pelos que le permiten pegarse a casi cualquier superficie. Puede tener millones de "pelos" en las almohadillas, que se frotan en la superficie donde el animal camina.

*Cuerpo
alargado como
de serpiente*

PATAS PERDIDAS
Este lagarto de cristal es a menudo confundido con una serpiente. No tiene patas delanteras, sólo indicios de patas traseras apenas visibles. Muchos otros lagartos, en particular de madriguera, han evolucionado en idéntica forma. La pérdida de miembros se acompaña del cuerpo largo, lo cual los ayuda a vivir en el subsuelo. En cambio, algunos lagartos sin patas, como el de cristal, viven en lugares rocosos o llenos de vegetación.

*Indicios de patas traseras
pequeñas sin uso para moverse,
pero el macho puede usarlas en
el cortejo para estimular
a la hembra.*

MIEMBROS PEQUEÑOS
En la mayoría de las víboras se ha perdido cualquier rastro de miembros. Aun así, algunos grupos primitivos, como las boas y las pitones, conservan rastros de huesos de la cadera y miembros traseros. Los únicos signos externos de ello son unas uñitas en la base de la cola, a ambos lados del ano.

*Salamanquesa
tokay escalando*

Control en tierra

La mayoría de los lagartos tiene agilidad y movilidad para cazar y salir de problemas. Por lo general utilizan las cuatro patas y pueden moverse con rapidez. Las patas y los pies están especialmente adaptados para el lugar donde viven. Las tortugas no necesitan ser rápidas. En vez de ello tienen patas poderosas que pueden transportar el peso adicional de su caparazón protector e impusarlas hacia adelante, lento pero seguro. En compensación por la falta de patas las serpientes se mueven bien en tierra de varias formas. Sus movimientos cambian de acuerdo con el entorno. Los cocodrilos están bien en el agua, pero en tierra reptan arrastrando su panza sobre el suelo. A veces algunos realizan algo parecido a un "galope".

RÉCORD DE VELOCIDAD
La lagartija corredora vive en Norteamérica. Un tipo, de seis revestimientos, posee el récord de velocidad alcanzada por un reptil en tierra: 18 m/h (29 km/h). Este récord fue implantado en 1941 en Carolina del Sur, EE.UU.

Palmas flexionadas contra el suelo

Las patas traseras dan el impulso

Lagarto tejú

3 DOS A LA VEZ
Cuando un lagarto trota, su cuerpo es soportado por dos patas a la vez (pares diagonales). Algunas veces incluso ambas patas delanteras y una trasera están fuera de contacto con el suelo.

DOS PATAS SON MEJORES QUE CUATRO
Este dragón de agua vive en Asia, principalmente en los árboles que crecen cerca del agua. Si es molestado en tierra, se levanta en sus patas traseras y corre de pie en carreras cortas, con ayuda de la cola para equilibrarse. Este tipo de locomoción bípeda (de dos patas) ocurre también en otros lagartos, los cuales pueden alcanzar velocidades mayores en dos patas que en cuatro.

La larga cola lo equilibra

Dragón de agua parado en sus cuatro patas

Locomoción de lagarto

La mayoría de los lagartos tiene cuatro patas con cinco dedos cada una, pero algunos no tienen, y otros sólo poseen patas traseras chicas. En la mayoría, las patas traseras son más fuertes que las delanteras e impulsan al animal hacia adelante. Los lagartos subterráneos suelen tener patas pequeñas o no tener, por lo que se deslizan y ruedan en madrigueras, como las serpientes.

1 PODER EN LAS PALMAS
Cuando se mueve, la mano de este lagarto tejú apunta hacia adelante con las palmas hacia abajo, y mucho de su empuje proviene de la flexión de la palma contra el suelo.

2 LADO A LADO
Cuando el lagarto se mueve con rapidez, incrementa sus zancadas doblando el cuerpo de lado a lado. El orden en el que las extremidades se mueven depende de lo rápido que viaja el lagarto. Cuando camina lento siempre tiene tres patas en el suelo.

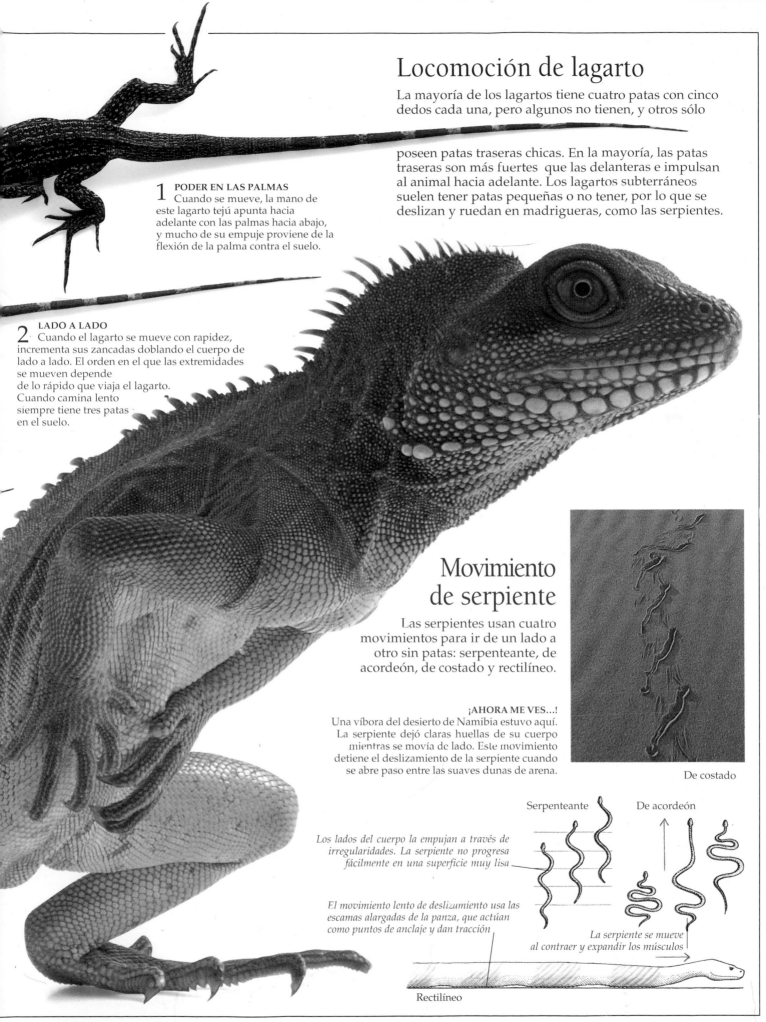

Movimiento de serpiente

Las serpientes usan cuatro movimientos para ir de un lado a otro sin patas: serpenteante, de acordeón, de costado y rectilíneo.

¡AHORA ME VES…!
Una víbora del desierto de Namibia estuvo aquí. La serpiente dejó claras huellas de su cuerpo mientras se movía de lado. Este movimiento detiene el deslizamiento de la serpiente cuando se abre paso entre las suaves dunas de arena.

De costado

Serpenteante

De acordeón

Los lados del cuerpo la empujan a través de irregularidades. La serpiente no progresa fácilmente en una superficie muy lisa

El movimiento lento de deslizamiento usa las escamas alargadas de la panza, que actúan como puntos de anclaje y dan tracción

La serpiente se mueve al contraer y expandir los músculos

Rectilíneo

53

ARRIBA EN EL ÁTICO

Gran parte del día, esta serpiente de manglar yace en lo alto de los árboles. Muy en la tarde o al caer la noche asalta nidos de aves. Tiene los colmillos hacia atrás y vive en manglares pantanosos.

Vida arbórea

MUCHOS LAGARTOS Y SERPIENTES están bien adaptados para vivir en árboles y arbustos. Los dedos de muchos lagartos arbóreos suelen estar equipados con zarpas evolucionadas para asirse a los troncos o almohadillas especiales para escalar superficies de hojas lisas. Este lagarto, y algunas serpientes de árbol, tiene una larga cola que se enreda en las ramas, ayudándolo a mantener el balance. Algunas serpientes arbóreas tienen arrugas en la panza, que les dan mayor anclaje. Los reptiles arbóreos se encuentran a menudo en las islas del Pacífico, a donde seguramente llegaron flotando en restos de vegetación.

PILOTO GORDO

Igual que los reptiles, la ardilla voladora planea, no vuela, usando los pliegues de piel entre sus extermidades. Es ligera, pero a veces come tanto que no puede planear.

LABIOS CALIENTES

Esta boa arbórea de Sudamérica tiene fosas sensibles al calor en los labios, así que puede encontrar pájaros dormidos y murciélagos para alimentarse. Su cuerpo elástico y cola fuerte la hacen particularmente apta para su hábitat. Escala, se instala y se enreda en una rama, para luego arrastrar el resto del cuerpo.

Se enrolla para anclarse

AS AVIADOR

La salamanquesa voladora tiene pliegues de piel en los costados, las patas y la cola, así como pies palmeados. Juntos actúan como un paracaídas en el aire. Igual que los dragones voladores, usa su habilidad para salir de problemas o buscar comida. Su color y textura la confunden con los árboles.

COLGANDO

Una boa esmeralda arbórea atrapa a un ave y se apoya en una rama mientras la mata.

UN LUGAR FRESCO

La serpiente adorno de la India es una habitante arbórea de medio tiempo. Cuando hace calor permanece en el suelo y se refugia en montículos de termitas o bajo rocas, pero en temporadas frías prefiere moverse sobre los árboles y los arbustos. Es inofensiva para los humanos, pero atemorizante si se la molesta, pues hincha el cuello y vibra la cola al atacar.

Lagarto de jardín

CHUPASANGRE

El cuerpo del lagarto de jardín es parecido al del camaleón, y la cola es larga y espigada. Cambia rápidamente de color, sobre todo la cabeza, que se vuelve roja. Los labios de algunas especies se vuelven tan rojos que son llamados "chupasangre".

DRAGONES TEMERARIOS

Los dragones voladores tienen los mismos dones en el aire que las salamanquesas voladoras, sólo que tienen alerones de piel estirada sobre las costillas alargadas. Las "alas" se doblan a los lados del animal si no están en uso.

DÍA DE TRABAJO

Buenas para trepar, las salamanquesas poseen almohadillas de fricción en los dedos, que les permiten andar casi cualquier superficie. Ésta no es común pues está activa de día, y casi todas son nocturnas. Las diurnas comen una gran variedad de insectos y fruta, a algunas les gusta el nectar de las flores de palma.

A prueba de agua

AUNQUE LOS REPTILES SON terrestres, algunos grupos viven en el agua. Los cocodrílidos, ciertos lagartos (como las iguanas marinas de las islas Galápagos), algunas serpientes (como la anaconda gigante de Sudamérica) y las tortugas acuáticas, pasan mucho tiempo sumergidas. Muchos reptiles vuelven a tierra para desovar porque si no, los huevos se ahogan, pero algunas serpientes marinas (de los océanos de Asia, el norte de Australia y las islas del Pacífico) resuelven el problema pariendo crías vivas, que en seguida están listas para nadar y subir a la superficie a respirar. Los reptiles aprovechan de formas diversas sus casas en el agua. Los cocodrilídos nadan, cazan y se enfrían en ella, y las iguanas marinas bucean para alimentarse de las algas de rocas sumergidas.

ANDAR DE COLA
Si un cocodrilo es perseguido, o está cazando, se puede mover muy rápido, aun saltando fuera del agua. Esta "caminata de cola", parecida a la de los delfines, demuestra la gracia y habilidad del animal en el agua.

HOCICO DE RESPIRADERO
Cuando un aligátor se zambulle, sus músculos especiales y válvulas de orificios nasales y oídos se cierran. En aguas tranquilas necesita sólo mantener el disco de la nariz sobre la superficie. Una válvula adicional detrás de la garganta evita que sus pulmones se inunden cuando abre su boca bajo el agua. Los ojos son a prueba de agua, pues están protegidos por párpados superiores e inferiores muy desarrollados, así como por un tercer escudo transparente que los cubre.

El caimán yace en el agua como defensa contra sus atacantes y para cazar

Caimán

Ojos ubicados en lo alto de la cabeza

LAGARTO BASILISCO

Cuando se asusta, este pequeño basilisco se deja caer en el agua desde árboles y arbustos, y corre en la superficie con las patas traseras. Sus pies tienen plantas amplias, y los flecos de sus escamas le dan soporte extra. Si pierde velocidad, se hunde y nada o se zambulle, subiendo a la superficie para respirar.

Lagarto basilisco

MONSTRUOS DE LA PROFUNDIDAD

Los humanos siempre han creído que las aguas profundas albergan criaturas extrañas. Aún ahora, mucha gente cree en la existencia de un monstruo acuático en el lago Ness de Escocia. La extraña apariencia de algunos reptiles puede hacer crecer los mitos que han existido durante siglos.

HOMBRE-RANA

La gente está menos adaptada que muchos reptiles para sobrevivir en el agua. A diferencia de los reptiles, la piel humana requiere protección para no sufrir los efectos de las frías temperaturas.

LOMOS SUAVES

Las tortugas de agua tienen un caparazón aplanado e hidrodinámico, que las hace aptas para el nado. Estas tortugas de coraza suave son las más planas de todas, y en consecuencia tienen la forma exacta para esconderse entre la arena y el fango del fondo de su hogar acuático (págs. 30-31). A diferencia de sus parientes terrestres, sus patas tienen dedos largos unidos por una membrana carnosa que les da impulso cuando se mueven en el agua.

La velocidad del basilisco le permite correr en la superficie del agua

Las fosas nasales quedan fuera del agua

BEBÉ ACUÁTICO

Este joven caimán está bien adaptado para la vida en el agua. Los ojos, las fosas nasales y los oídos están en una parte muy alta de su cabeza, por lo que puede respirar y ver mientras se oculta en el agua. Ésta es una ventaja al cazar. No es una sorpresa que el caimán, como los otros cocodrílidos, sea un buen nadador. A alta velocidad puede plegar las patas y los pies palmeados contra los costados, de manera que se impulsa usando su poderosa cola. El caimán depende mucho del agua, pues si se expone al sol candente, sin agua cerca para una zambullida, puede morir.

RESPIRACIÓN SUBMARINA

Todas las tortugas tienen pulmones, pero las acuáticas también respiran por la piel y los revestimientos de la garganta. Algunas toleran poca cantidad de oxígeno y pueden vivir durante semanas bajo el agua, pero la terrapene de orejas rojas sólo puede estar sumergida dos o tres horas.

Terrapene de orejas rojas

Enemigos mortales

LOS REPTILES TIENEN MUCHOS ENEMIGOS NATURALES. Los búhos, las águilas y algunos mamíferos como los cerdos, los gatos y los erizos cazan serpientes y lagartos. Algunos reptiles se comen a su propia especie; la cobra real asiática y las víboras reales de EE.UU. comen serpientes. Los lagartos monitor a menudo comen otros reptiles pequeños, pero los enemigos más grandes de los reptiles son los humanos, que matan cocodrilos, serpientes y lagartos por su piel. Capturan serpientes por su veneno, usado en la investigación médica (págs. 42-43), y también las asesinan por el temor que les tienen.

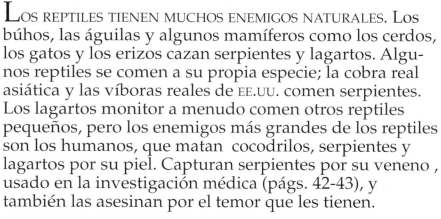

RIKKI-TIKKI-TAVI
En 1894, el británico Rudyard Kipling escribió *El libro de la selva* y creó una mangosta héroe, Rikki-Tikki-Tavi. Este mamífero vivió con una familia británica en la India y se convirtió en su protector, al matar a Karait, un crótalo y después a Nag, una cobra. La fuerza de la cobra no fue útil contra la mangosta, que consiguió asirse de la parte posterior de la cabeza de la serpiente.

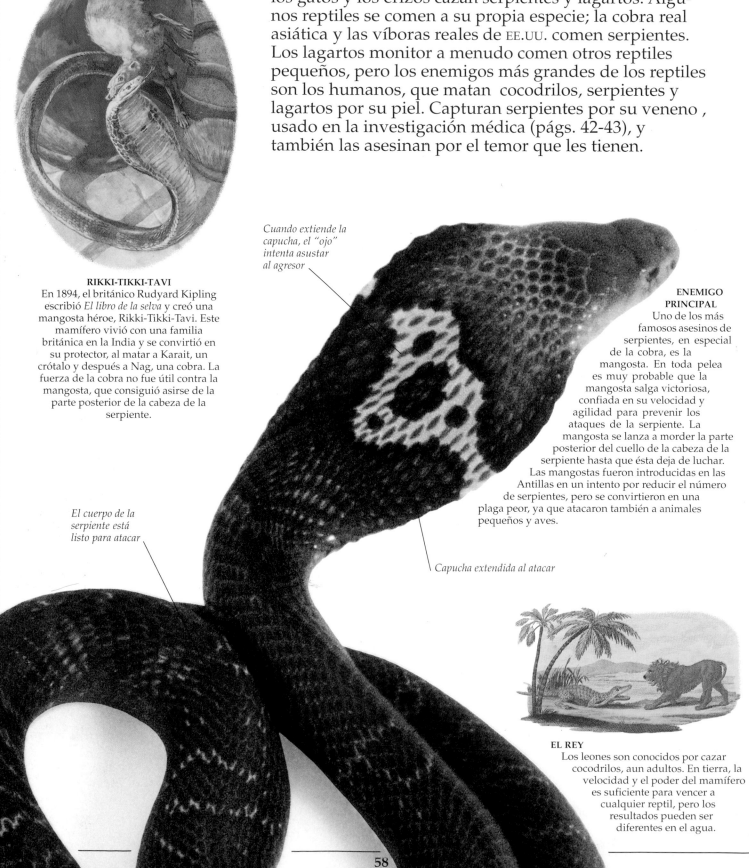

Cuando extiende la capucha, el "ojo" intenta asustar al agresor

El cuerpo de la serpiente está listo para atacar

Capucha extendida al atacar

ENEMIGO PRINCIPAL
Uno de los más famosos asesinos de serpientes, en especial de la cobra, es la mangosta. En toda pelea es muy probable que la mangosta salga victoriosa, confiada en su velocidad y agilidad para prevenir los ataques de la serpiente. La mangosta se lanza a morder la parte posterior del cuello de la cabeza de la serpiente hasta que ésta deja de luchar. Las mangostas fueron introducidas en las Antillas en un intento por reducir el número de serpientes, pero se convirtieron en una plaga peor, ya que atacaron también a animales pequeños y aves.

EL REY
Los leones son conocidos por cazar cocodrilos, aun adultos. En tierra, la velocidad y el poder del mamífero es suficiente para vencer a cualquier reptil, pero los resultados pueden ser diferentes en el agua.

El pelo tieso del lomo se eriza para darle mayor protección

Los dientes filosos como navajas se clavan en la cabeza de la cobra

Cuerpo equilibrado en las garras traseras para moverse rápido

PRIMERO LAS PATAS

El pájaro secretario asusta a sus posibles presas con pisotones y aleteos. Cuando una serpiente aparece, el pájaro rápidamente la pisa, al tiempo que la cubre con las alas para que no pueda moverse a una mejor posición de defensa. Así hace incluso con serpientes peligrosas como las cobras. Si los pisotones no dan resultado, entonces el pájaro trata de llevar a la serpiente a un sitio alto para luego dejarla caer al suelo.

DANZA DE GUERRA

En la mitología hindú, el demonio Kaliya se transforma en una cobra y mata a muchos pastores en su búsqueda del dios Krishna. Finalmente Krishna lo mata y luego baila sobre su cabeza.

¡TARZÁN TRIUNFA!

Tarzán, el héroe de la selva, no tiene problemas para vencer a su enemigo reptil. En la vida real una pelea entre un cocodrilo y un humano podría tener un resultado diferente. Si bien los cocodrilos no comen hombres con regularidad, atacarían a cualquiera que fuera tan tonto como para vagar cerca de las riberas plagadas de cocodrilos o sus zonas de crianza.

Sólo buenos amigos

DEBIDO A QUE LA MAYORÍA DE LOS REPTILES come carne (págs. 38-39), las relaciones entre ellos y otros animales es casi siempre la de depredador y presa. Aun así, cierto número de reptiles viven juntos y no atacan a sus colegas. Los lagartos y las serpientes, por ejemplo, usan los montículos de termitas para incubar sus huevos. La tortuga terrestre de Florida hace una madriguera tan profunda, algunas veces de más de 40 pies (12 m), que a veces proporciona un hogar permanente para algunos animales, así como un escondite temporal para otros. Se han hallado tortugas de madriguera viviendo con opósumes, mapaches, zarigüeyas, lagartos, conejos y ratas. Incluso se dice que las serpientes de cascabel viven con otros en la misma casa.

Pez limpiador

UNA MANO QUE AYUDA
La vida del tuátara en las remotas islas de Nueva Zelandia ha sido posible gracias a las aves marinas como los petreles y la picotijera (págs. 36-37). Así, el tuátara a veces comparte su madriguera con estas aves. Éstos cubren las rocas y tierra con excrementos, creando un perfecto ambiente para un gran número de insectos, entre ellos los escarabajos y los grillos, la comida favorita del tuátara. Aun así, no es una relación sencilla, pues los tuátaras comen aves anidadas si tienen la oportunidad.

Tuátara

Picotijera

UN AMIGO VERDADERO

Las tortugas africanas de cuello oculto limpian pequeños parásitos de charcas de rinocerontes e hipopótamos. Esta conducta de limpieza no es común. Algunas tortugas usan las mandíbulas para quitar algas de las conchas de otras y, una vez servidas, éstas hacen lo mismo a las primeras.

Hipopótamo

Tortuga de cuello oculto africana

TRES NO ES MULTITUD

Todo tipo de reptiles se encuentran viviendo juntos a veces, por diferentes causas. A la tortuga de espaldar articulado le molesta el clima seco de los pastizales africanos y se esconde del sol en madrigueras hasta la temporada de lluvias. La serpiente casera puede investigar una madriguera en busca de su alimento favorito: ratas y ratones, mientras que el eslizón puede estar buscando cómo esconderse de sus enemigos. ¡Es mejor que tenga cuidado, pues la serpiente casera come eslizones a falta de roedores!

SOCIOS DURMIENTES

Los pájaros a veces arrancan desechos y parásitos de las fauces de los cocodrilos mientras éstos bostezan. Existe duda sobre si aves como el chorlito son capaces de correr este riesgo, pero se cree que algunas lo hacen cuando los cocodrilos duermen. Algunos pájaros, como el alcaraván acuático, anidan cerca de los cocodrilos y protegen y son indirectamente protegidos por sus temibles vecinos. Con los cocodrilos cerca pocos animales atacan a las aves, y su reacción de alarma cuando se acerca un enemigo sirve como advertencia para los reptiles.

LIMPIEZA

Muchos animales, además de los reptiles, viven de una forma que ayuda a otros y a sí mismos. Un asombroso ejemplo es el pez limpiador, que come parásitos y fragmentos de comida de peces más grandes. Aquí un pequeño limpiador asea un pez grande en la Gran Barrera de Coral.

Un vistazo al futuro

Carteras de
piel de
víbora

A MENOS QUE CAMBIEMOS EL MUNDO en el que vivimos, muchos de los reptiles se extinguirán. Aunque a una inmensa variedad de reptiles le tomó cerca de 150 millones de años reducirse a unos cuantos grupos, actualmente enfrentan una amenaza más grande. La causa principal de preocupación yace en la destrucción de sus hábitats naturales. Muchos reptiles están adaptados a áreas que se pierden con una rapidez alarmante. Por ejemplo la selva tropical y muchos de los brezales europeos. Aunque los gobiernos están más preocupados por la situación y han acordado proteger algunas especies amenazadas, esto puede ser insuficiente y tal vez demasiado tarde.

SOPA, DELICIOSA SOPA

En algunas áreas los reptiles siguen siendo populares como alimento de los humanos. Hace pocos años, en el Caribe, 5,000 tortugas marinas fueron hechas 150,000 galones (682,000 litros) de sopa para una firma de alimentos.

A SALVO, ¿POR CUÁNTO TIEMPO?

Aunque sigue siendo común, el eslizón gigante de las islas Salomón enfrenta problemas comunes a muchos otros reptiles. Su hábitat se urbaniza rápido, y conforme suceda muchos lagartos enfrentarán la extinción. Este eslizón tiene otros problemas, pues es comido en algunos lugares. Es un animal muy grande que pasa casi toda su vida sin ningún peligro en los árboles, como sugiere su cola parecida a la del mono. Es nocturno y su dieta principal se basa en hojas.

UNA TRAMPA

Esta hermosa playa es uno de los últimos sitios de desove en Turquía de la tortuga boba. Amenazada por la urbanización, resultado del turismo, esta tortuga marina enfrenta un futuro incierto, a pesar de su larga y variada historia.

Tortuga macrocéfala bebé

CABEZA GRANDE

La cabeza de esta tortuga (bien llamada macrocéfala), es tan grande que no puede meterla en la concha. No se sabe con certeza si está en peligro de extinción, pero debido a su extraño aspecto, a menudo es capturada para comercializarla como mascota o *souvenir*. Vive en el sureste de Asia, y durante el día pasa el tiempo enterrada en la grava o bajo rocas en las corrientes frías de la montaña.

Este grabado muestra la cabeza en proporción con el cuerpo